KB191184

식탁 위의 권력
미식 경제학

吃货经济学

ISBN: 9787522321899

This is an authorized translation from the SIMPLIFIED CHINESE language edition entitled
『吃货经济学』 published by Beijing Times Bright China Books Co.,Ltd., through Anna-Mo
Literary Agency, arrangement with EntersKorea Co., Ltd.

이 책의 한국어판 저작권은 ㈜엔터스코리아를 통한 중국 Beijing Times Bright China Books
Co.,Ltd.와의 계약으로 ㈜다빈치하우스가 소유합니다.
저작권법에 의하여 한국 내에서 보호를 받는 저작물이므로 무단전재와 무단복제를 금합니다.

식탁 위의 권력
미식 경제학

음식이 바꾼
부와 권력의
결정적 순간들

쑤친 지음 · 김가경 옮김

이든서재

추천사

"대중적인 음식 문화와 화려한 인류 문명의 기원을 연결하여, 우아하면서도 유익한 경제학 상식을 정리한 책이다. 저자는 이 책을 통해 베이징대학교의 위상을 더욱 높이고 있다."

왕스위, 투자 은행가, 중국 D12 창립자, 타이허 씽크탱크 연구소 수석 연구원

"음식의 궁극적인 의미는 바로 행복감을 얻는 것이다. 이런 행복감은 때때로 경제와 깊이 연관되며, 때로는 개인의 생활 경험과도 연결된다. 인류가 발전하는 관점에서 보면, 음식 문화는 시대별 경제적 특징을 반영하고, 조화롭게 계승된다."

쉬징타오, 대형투자은행 고위 책임자

"음식은 가벼운 주제지만, 경제학은 엄격한 학문이다. 이 책은 음식과 경제학을 유기적으로 결합하여 신뢰성을 높이고 독자의 흥미를 유발한다. 음식에는 문화와 역사가 담겨 있으며, 경제 원리와도 밀접하게 연결된다. 이 책을 통해 독자들은 비즈니스, 소비, 생활 철학을 통합적으로 이해할 수 있다."

왕밍화, 비주얼테크 신소재 이사회 의장

"이 책은 음식이라는 주제를 통해 인류 역사의 중요한 사건을 연결한다. 원시 시대부터 해양 시대, 산업혁명과 전쟁까지, 역사적 발전 과정에서 음식은 경제학의 기반을 형성해 왔다. 이 책을 읽으며 세계 곳곳의 다양한 음식과 경제 논리를 발견할 수 있어 지적 탐험이 즐거워진다."

리펑, 퀀텀 이코노미 그룹 창립자 겸 CEO, 이사회 의장

"유머러스한 방식으로 새로운 지식을 전하는 책이다. 음식과 인류 발전은 깊은 연관이 있다. 인간은 더 나은 음식을 먹기 위해 부족을 넘어 문명을 발전시켜 왔다. 때로는 보잘것없는 작은 음식 하나가 세상을 바꾸기도 한다."

추이, 퉁즈즈 그룹 공동 창립자, 공동 CEO

"경제학은 인류 발전의 핵심 학문이다. 경제학적 관점에서 보면, 인류 문명 발전은 식량과 물자의 효율적 배분을 통해 이루어졌다. 이는 인류의 진화와 문명의 발전을 강력히 촉진한 핵심 요소다."

양스주오, 유엔 지속가능 발전 기여상 수상자, 중국 상하이 교통대학 이사장

들어가며

씹고 뜯고 맛보는 먹보 인류의 미식 여행

"왕은 백성을 하늘같이 여기고 백성은 먹을 것을 하늘로 여긴다."

이는 『사기』의 〈역생육가열전史记·郦生陆贾列传〉에 기록된 경구로 사마천司馬遷은 '음식'을 국가를 이루는 근본인 '백성'과 세상을 뒤덮는 '하늘'에 견줄 만한 가치로 여겼다. 또한 전국시대 사람인 고자告子는 '식욕과 성욕은 사람의 타고난 본성'이라는 단 한마디의 말로 인간의 기본적인 욕구를 설명하였다. 여기서 주목해야 하는 점은 '식욕이 성욕 앞에 놓여 있다'는 점이다. 이는 본디 '식욕'은 인간의 여러 욕망 중 억누를 수 없는 가장 강한 본능이기 때문이다. 그래서 사마천은 『사기』 〈화식열전史记·货殖列传〉에서 "세상의 사람들은 모두 이익을 좇아 움직인다天下熙熙, 皆为利来 ; 天下攘攘, 皆为利往."라고 했는데 이는 사람은 모두 '먹거리'를 따라 움직인다는 뜻으로도 해석할 수 있다.

'먹는 것'을 좋아하는 사람들은 자신을 '미식가美食家'라 칭하며 먹는 것을 인생 최고의 즐거움으로 삼는다. 그들은 주방을 캔버스로, 식기들을 화필로 삼아 한 폭의 명화를 그려낸다. 천만년의 세월이 흐르는 동안 수많은 미식가의 행렬은 대를 이어 왔고, 시간을 건너가며 그들의 활동은 더욱 활발해졌다.

태초에 '식량'을 구하기 위한 인간의 행위는 인류 진화에 직접적인 영향을 미쳤고, 인간과 동물을 구분 짓는 결정적 계기가 되었다.

식량에 대한 인간의 열망은 무의식적으로 인류가 일어서서 걷도록 만들었으며, 음식을 조리하기 위해 불을 사용하게 되면서 인류 최초 기술의 발전을 이루게 되었다. 또한 음식을 더 많이 저장하려는 열망은 인간으로 하여금 농업 혁명을 일으키게 했다. 최선을 다해 먹거리를 지켜내기 위하여 인간은 언어와 문자를 탄생시켰으며, 여기서 더 나아가 '재산권'이라는 개념을 만들어 내고 심지어 전쟁을 일으키기도 했다.

고대에서부터 현재에 이르는 수천 년 동안 음식은 지역 특색과 융합하여 인류의 문화에 많은 영향을 미쳐왔다. 고대 현인들도 음식에 대한 나름의 철학을 설파했는데, 그중 공자도 빠질 수 없다.

"곡식은 잘게 빻아야 좋고,
  고기는 가늘게 썰어야 좋다食不厌精, 脍不厌细."

이는 음식을 정성 들여 만들어야 한다는 말을 지칭하는 것으로, 문장의 '정精(정식(精食))'은 식탁에 오르는 요리로 정성껏 조리하는 것이고, '세細(세회(細膾))'는 음식을 작고 예쁘게 썰어 삼키기 쉽게 만드는 것을 뜻한다.

공자가 음식을 대할 때 미학적이고 정교해야 한다고 말한 것은 매일 먹는 끼니에도 정성을 다하는 삶의 태도를 표현한 것이다.

그의 제자 맹자는 "물고기도 내가 얻고자 하는 바이고, 곰 발바닥 또한 내가 얻고자 하는 바이지만, 두 가지를 함께 얻을 수 없다면 물고기를 포기하고 곰 발바닥을 취할 것이다魚, 我所欲也; 熊掌, 亦我所欲也."라고 했다. 이는 "생生 또한 내가 바라는 바이고, 의義 또한 내가 바라는 바지만, 두 가지를 함께 얻을 수 없다면 생을 버리고 의를 취할 것이다."라는 말로 '의'를 당시 귀한 식재료인 곰 발바닥에 비유해 그 중요성을 강조했다. 요컨대 맹자는 어떤 상황에서는 자기 목숨보다 의리가 더 중요하다는 것을 강조하기 위해 이런 비유를 든 것 같다.

또한 청나라의 유명한 화가 정판교郑板桥[1]는 "밤의 강가에서 술을 마시며 달구경을 하고, 그 옆에는 미녀가 생선 요리를 한다夜半酒酣江月上, 美人纤手炙鲈鱼."라는 시를 남기기도 했는데, 이는 요리하는 밤의 정경을

---

1   정판교(1693~1766) 청나라의 유명한 화가이자 서예가, 문학가로 자는 극유(克柔), 호는 판교(板桥)이다. 강소성 출신으로 그의 시, 서예, 그림은 세상에서 '삼절(三絶)'로 불렸으며 난과 대나무 그리기에 능숙했다.

노래한 것이다. 청나라의 시인 원매袁枚[2]는 『수원식단隨圓食單, The Way of Eating』이라는 요리책을 써서 일상에 접할 수 있는 우수한 '약선요리 food-pharmacy cases'를 남겼다.

중국의 대문호 소동파苏东坡는 평생을 떠돌아다니는 삶을 살며, 갖은 고난과 역경 속에서도 겸허히 삶을 받아들이는 자세와 굳은 의지로 삶을 사랑했다. 그는 힘든 생활 속에서도 끊임없이 요리에서 즐거움을 찾으며 〈두죽豆粥〉, 〈채갱부菜羹賦〉, 〈동파갱부东坡羹賦〉 등 음식과 관련된 시를 남겼으며, 그가 개발하여 그의 이름자가 요리명이 되어버린 〈동파육东坡肉〉, 〈동파어东坡鱼〉, 〈동파주자东坡肘子(돼지의 허벅지 부위로 만든 요리)〉, 〈동파두부东坡豆腐〉 등등은 현재까지도 전해 내려오고 있다.

먹보들의 인류 대탐험

맛있는 음식에 대한 수요는 향신료 산업의 발전을 촉진했다. 이슬람인의 향신료 독점은 유럽인의 도전 의식을 불러일으켰으며, 이를 통해 거둘 수 있는 막대한 경제적 이익은 유럽 상인들을 바다로 향하게 했다. 그들은 맛있는 음식을 찾기 위해 고군분투했고, 이 분투는 마침내 신대륙을 발견케 했다. 세계 최초로 대륙별 해양 교역이 시작되자 차茶와 같은 기호 식품이 거래되었고, 은銀이 국가를 넘어 유통되기 시작했다.

또한 감자는 인류를 구하고 세계 인구를 두 배로 늘려주었다. 그러나

2　　**원매(1716~1797)** 청나라의 시인으로 자는 자재(子才). 호는 간재(簡齋)이다. 저서에 시문집 『소창산방시집』, 『수원시화』 등이 있다.

이는 곧 인류에게 행복이자 위험을 안겨줬다. 아일랜드 역사의 비극을 넘어 세계사의 비극으로도 꼽히는 '감자 대기근The Famine'이 찾아온 것이다. 1845년부터 근 8년 동안 아일랜드를 휩쓴 감자 대기근으로 인해 당시 필수 생존 작물을 잃은 가난한 아일랜드 농민들은 뿔뿔이 흩어지게 되었다. 이는 의도치 않게 미국 이민의 토대를 마련했고, 영국은 '곡물법'을 폐지하게 된다. 이로 인해 영국 농민들은 땅에 종속되어 살던 삶에서 벗어나 도시의 노동자가 되었다. 그 후 커피, 설탕, 감자는 인류 산업혁명의 드라마를 연출하게 된다.

앞으로 책을 통해 독자들은 더 많은 기적을 만들어 낼 '인류의 음식'을 접하게 될 것이다. 이 책은 가장 대중적이고 흥미로운 방식으로 세상의 모든 음식에 올바른 이름을 붙이고, 각 중요한 순간에 위대한 인물의 기여를 생생하게 기록했다. 그들이 있었기에 인류는 수천 종의 생물 중에서 생태계의 정상에 오를 수 있었다. 그들의 꾸준한 미식 추구 행동은 엄청난 역사적, 경제적 영향을 미쳤으며 그저 먹고 마시는 행동만으로도 세상을 변화시켰다고 할 수 있다.

이제 '미식'은 하나의 트렌드가 되었다. '먹방', '맛집 탐방' 등은 전 세계인들의 환영을 받으며 마치 '먹보'들이 미식의 대항해시대를 열며 세계 무대를 재편성했다 해도 과언이 아니다.

'음식'이 세상을 바꾸었다는 것을 설명하는 데 있어 경제학은 이를 지지하는 기본적 논리를 제공하는 학문이다. 음식에 따라 세상이 바뀌는 이 맛깔스러운 여행에서 나는 음식에 의해 세상이 변화하는 이유를 경제학적 관점에서 분석하려고 한다.

　독자들은 다시 한번 경제학의 매력을 느끼고 경제학이 인간의 행동에 어떻게 영향을 미치는지 이해할 수 있을 것이다. 그뿐만 아니라 경제학 지식을 기반으로 사고하고, 비교 분석하여 최종적으로 최적의 결정을 내리는 법을 배울 수 있을 것이다.

베이징에서 쑤친

차례

제3장 High risk High return

제4장 화폐 전쟁

제1장

진화의 선택

"경제학이란 궁극적으로 최선의 선택을
연구하는 학문이다."

중국 경제학자, 량샤오민(梁小民)

직립(直立)의 선택

더 많이 먹기 위해 일어선 인류

———

인류는 도대체 언제부터 다른 생물과 차별화되어 고등동물로서의
발전의 길을 걷게 되었을까? 역사학자들은 인류 진화의 수수께끼에 대해
다양한 가능성을 제기하고 있지만, 그중 가장 공감을 얻는 것은 바로
인류의 '식욕'이 이 모든 국면 변환의 '게임 체인저Game changer'라는 것이다.
인간의 원초적 본능인 식욕이 핵심 노드가 되어 이루어진 이 '선택'은
인류의 경제학적 실천으로 이어져 결국 세상을 변화시켰다.

———

'인류 진화의 요람'으로 알려진 600만 년 전의 동아프리카 지구대
Great Rift Valley[1]로 돌아가 보자.

지금은 태양이 작열하는 무더운 한여름의 오후이다. 가로로 누운 십
자가를 연상시키는 동아프리카 지구대는 정교하게 깎아지른 듯한 절벽
을 양쪽에 둘렀고, 안쪽의 골짜기에는 소나무와 잣나무가 헤아릴 수 없
을 정도로 빼곡히 들어차 그 숲의 깊이를 가늠할 수가 없다. 무수히 많
은 호수는 골짜기 바닥에 흘러내린 물들과 교차하며 가로세로로 끝없
이 이어져 있다. 마치 밤하늘을 가득 수놓은 별처럼 총총 흩어져 있어
알알이 빛나는 보석과도 같다.

이곳은 3년 동안 이렇다 할 만큼의 비가 내리지 않고 있다. 계속되는

---

1   **동아프리카 지구대** 아프리카 동부에 발달한 지구대(地溝帶)로 판의 발산형 경계에
있어 '동아프리카 열곡대(裂谷帶)'라고도 한다. 지구대는 지각이 가라앉아 지하가 뒤틀린 지
각 변동으로 인해 형성된 곳으로 지표 하부에서 암반층이 녹아 지각이 불안정하다.

가뭄은 끝이 보이지 않고, 태양은 여전히 대지에 붉은 도장을 찍어내듯 내리쬐, 그 열기가 먼지마저 뜨겁게 달구고 있다. 일파만파로 지구대의 동물들이 술렁이기 시작한다.

지구대 동쪽 석벽 아래 거대한 동굴에는 인류의 조상이라 불리는, 침팬지처럼 생긴 영장류 '사헬란트로푸스 차덴시스[2]' 무리가 살고 있다. 동굴은 경사지 위에 자리 잡고 있어 등 뒤로는 가파른 절벽이 병풍을 치듯 에워싸 겨울에는 따뜻하고 여름에는 시원한 환경을 제공한다.

동굴 입구에는 시원한 바람을 쐬고 있는 이 무리의 늙은 족장이 돌벽에 등을 기대앉아 계곡 아래를 바라보고 있다. 이곳의 나무들은 날이 갈수록 노랗게 시들어가고, 지난날 나비와 벌이 어우러져 군무를 추던 모습은 찾아보기 힘들어졌다. 그나마 마지막 푸른빛을 띠던 호수마저 그 빛을 잃어가고 있다. 이렇게 오랫동안 가뭄이 지속된 적은 없었으며, 부족들의 식량창고마저 재고가 바닥을 드러내고 있었다. 한때 신망이 높았던 이 무리의 족장 역시 젊은 세대의 도전을 받고 있었다.

"족장님께 아뢰옵니다. 큰일이 났습니다…."

얼굴에 당황한 기색이 역력한 마른 체구의 젊은 사헬란트로푸스 차

---

2   **사헬란트로푸스 차덴시스** 동아프리카 지구대에 살던 사람과에 속하는 멸종된 인류로 '투마이'라는 별칭으로도 알려져 있다. 오스트랄로피테쿠스, 아르디피테쿠스와는 다른 특징들이 발견되어 사헬란트로푸스(Sahelanthropus) 속이라고 명명되었다.

덴시스 하나가 언덕 아래에서부터 달려왔다. 손에는 야생 열매 반 개를 쥐고 있었는데, 겨우 몇 입 베어 먹은 듯 그 위에는 불규칙한 이빨 자국이 남아 있었다.

"무슨 일이냐? 천천히 말해 보거라."

늙은 족장이 잠시 머뭇거리더니 조심스레 입을 열었다.

"족장님, 정말 믿기 힘든 일이 벌어졌습니다. 대역무도한 일입니다. 이는 아드님과 관련된 것으로 보입니다. 아무래도 저와 함께 가보셔야 할 것 같사옵니다."

족장이 따라 일어나 현장으로 향하자, 주변에서 졸고 있던 사헬란트로푸스 차덴시스 무리도 잠에서 깨어 우르르 그 뒤를 따랐다.

상황을 보고하던 젊은이는 거의 바닥을 드러내고 있는 메마른 호수 옆에서 발길을 멈췄다. 호숫가의 무성한 나무들은 이미 절반 이상이 가뭄으로 인해 누렇게 시들었고, 일부 가지 끝에 붉은 열매가 달린 야생 과일나무 몇 그루만이 그 주변에 드문드문 보였다.

숲 한가운데 공터에서는 젊은 사헬란트로푸스 차덴시스 한 무리가 더 높은 곳에 있는 열매를 따기 위해 뒷다리를 바로 세운 채 앞다리를 들어 올려 허공을 휘젓고 있었다. 직립을 하고 있는 것이다! 야생 열매를 따고 있는 모습을 보아하니 한두 번 해 본 솜씨가 아니었다.

족장은 그 무리를 향해 소리쳤다.

"이 못된 놈들아! 당장 엎드리거라!"

과일 따는 데 정신을 팔던 무리는 이 청천벽력 같은 소리에 놀라 일제히 고개를 돌렸다. 그 무리에 속해 있던 족장의 아들도 놀란 나머지 앞다리로 야생 과일을 든 채 엉거주춤한 자세로 서서 아버지의 불호령을 들어야 했다.

"무슨 짓이냐, 대역무도한 짓인 줄 뻔히 알고 있을 터인데 대체 무슨
   낯으로 조상님들을 뵐 생각인 거냐!"

젊은 족장의 아들은 한참을 머뭇거리다 입을 열었다.

"우, 우리는 배가 고파요. 낮은 곳의 과일은 이미 다 따먹었으니
   몸을 일으켜 높은 곳의 과일을 따지 않으면
   모두 굶어 죽고 말 거예요."
"아무리 배가 고파도 그렇지. 조상을 거역할 수 없는 법이다.
   체통을 지켜야지. 이게 무슨 꼴이냐?"
"일어나는 게 어때서요? 제가 봤을 땐 오히려 편하기만 한 걸요!
   낮은 곳에 있는 열매를 다 먹고 나서 엎드린 채 죽을 때를
   기다리느니, 차라리 일어서서 살아갈 방법을 찾겠어요!"

족장은 화가 머리끝까지 뻗쳐 가슴을 쳤다.

"이것은 반역이다. 냉큼 엎드리든지 아니면 썩 꺼져버려라!
난 채신머리 없이 서 있는 그 꼴은 보고 싶지 않다!"

아들은 아버지가 그런 몰인정한 말을 할 줄은 몰랐기에 한동안 멍하니 있었다. 그러나 결코 물러나지 않았다. 그는 당당한 눈초리로 주위를 둘러보며 말했다.

"오늘부터 나는 일어설 것입니다. 엎드린 채 굶어 죽고 싶지
않습니다. 저와 뜻을 함께하고 싶은 분은 따라오십시오!"

족장의 젊은 아들은 일어서서 숲속으로 걸어 들어갔다. 그 뒤로 십여 명의 젊은 사헬란트로푸스 차덴시스들도 그를 따라 엉거주춤 일어선 자세로 울창한 원시림 속으로 사라졌다.

여름 매미가 울어대고 선선한 바람이 얼굴을 스치던 지극히 일상적인 상황이었지만, 사헬란트로푸스 차덴시스 족장은 믿을 수 없는 이 광경을 그저 바라볼 수밖에 없었다. 치밀어오르는 분노와 허탈감에 망연자실했지만, 반역자들이 서서히 자신의 시야를 벗어나는 모습을 속수무책으로 지켜봐야만 했다.
가출한 사헬란트로푸스 차덴시스 무리는 다시 돌아오지 않았다. 이

로부터 오랜 시간이 흐른 후 100여 리 떨어진 계곡에는 직립보행을 하는 새로운 무리 '오로린 투게넨시스[3]'가 등장했다.

지금까지의 이야기는 인류 진화에 있어 가장 결정적 획을 그은 '직립보행'이라는 역사적 사실을 기반으로 재구성한 이야기다. 실제 당시 아프리카는 기후가 급변하여 자연환경이 큰 위협에 직면해 식량 공급에 큰 어려움을 겪고 있었다. 지표면 가까이에 있는 야생 열매들은 얼마 남지 않아 더 높은 곳의 야생 열매를 먹기 위해 일어서야만 했고, 이로 인해 자유로워진 앞다리를 사용한 사헬란트로푸스 차덴시스는 입으로 물어뜯는 것에 의존하는 무리보다 더 많은 먹거리를 차지할 수 있었다. 즉, '직립보행'이라는 선택은 척박한 환경에서 살아남기 위한 절체절명의 보루였다.

2012년 3월 일본 교토京都대 영장류연구소와 영국 케임브리지대가 구성한 국제연구팀의 연구에 따르면 사족보행 하던 인류의 조상이 직립보행을 하게 된 건 쉽게 구할 수 없는 음식을 독점하고, 손을 자유롭게 하여 더 많은 것을 운반하기 위한 목적에서 기인한 것이라고 한다.

마쓰자와 데쓰로松澤哲郎 교토대 교수는 연구를 통해 아래와 같이 밝혔다.

"기후변화로 삼림 면적이 줄어들면서 인류의 조상들은 뜻밖에도

---

3   **오로린 투게넨시스** 공통 조상으로부터 침팬지와 갈라져 나온 사헬란트로푸스 차덴시스의 진화 종으로 추정된다. 신체 화석에 직립보행의 증거가 있다.

귀중한 음식을 얻을 기회가 많아졌습니다. 다른 개체와의 경쟁에서 직립보행이 더 우세하다는 것을 깨달았고, 시간이 지남에 따라 직립보행이 일반적인 상태가 된 것입니다."

이 연구 성과는 미국 과학잡지 《커런트 바이올로지Current Biology[4]》에 실리며 많은 학자의 공감을 얻었다.

직립보행은 더 높은 곳에 매달린 먹거리를 채집하게 해 줄 뿐만 아니라 이에 소모되는 에너지를 절약하도록 도와준다. 사족보행을 하면 신체의 등 전체가 햇빛에 노출되기 때문에 에너지 소비가 매우 크다. 그러나 직립보행을 선택하면 직사광선을 받는 신체의 면적이 크게 줄어든다. 뜨거운 햇빛은 대부분 빽빽한 털이 밀집해 있는 머리에만 닿기 때문에 에너지 소비를 크게 줄일 수 있다.

『국부론』의 저자 애덤 스미스는 개선과 진화에 대한 인간의 욕망을 이렇게 정의했다.

"인간이 스스로 자신의 상태를 개선하려는 이 차분하고 냉정한 욕망은 자궁에서부터 나와 무덤에 들어갈 때까지 절대 우리를 떠나지 않는다."

---

4   **커런트 바이올로지** 미국에서 격주로 발간되고 있는 과학 저널로 생물학, 특히 분자생물학, 세포생물학, 유전학, 신경생물학, 생태학, 진화생물학 등 생물학의 모든 영역을 심도 있게 다루는 학술지다.

'선택'은 인간의 타고난 본능이다. 환경과 자원이 위기에 처했을 때 인간은 생존과 발전에 도움이 되는 '선택'을 해왔다. 부족한 자원 때문에 생존 확률을 극대화할 수 있는 가장 적합한 방법을 선택해야만 정상적으로 삶을 영위할 수 있으며, 기업 또한 한정된 자원 때문에 어떤 제품을 생산할 것인지를 선택해야만 한다. 사회 거버넌스에도 동일한 논리가 적용된다. 효율성과 공정성을 모두 실현하기 위해 사회 역시 '선택'을 해야 한다.

'경제학'은 인간의 무한한 욕망을 충족하기 위해 제한된 자원을 효율적으로 선택하는 방법을 연구하는 과학이다. 이는 인간의 무수히 많은 요구를 만족하기 위해 최적의 대안을 찾는 데 도움이 될 수 있기에 '선택의 과학'이라고도 불린다.

선택의 순간, 대부분은 자신에게 가장 유리한 이기적인 관점에 근거한 결정을 내린다. 그렇게 선택된 결정은 대개 자신의 이익 추구를 위한 행동으로 이어지지만, 종국에는 이 무의식적인 이기적 선택이 전 인류를 위한 이타적 선택이 되기도 한다.

『국부론』에서는 개인의 이기심 추구에 대해 다음과 같이 말한다.

"모든 사람이 자신의 이익을 극대화하기 위해 합리적인 선택을
  하지만, 이는 사회적 이익도 극대화할 수 있다."

예를 들어 식품을 생산하는 사람들은 더 많은 이익을 얻기 위해 음식을 더 맛있게 만들고, 수공예품을 만드는 사람들은 단골손님을 붙잡고

좋은 가격에 팔기 위해 미美를 장착한다. 집을 짓는 사람들은 돈을 더 많이 벌기 위해 더 튼튼한 자재를 선택한다. 모든 산업이 이렇게 자신의 이익을 취하기 위해 노력하지만, 궁극적인 목표는 인간의 사회적 이익을 극대화하는 것이다.

600만 년 전, 집을 나간 사헬란트로푸스 차덴시스들이 직립보행을 택한 것은 자신들의 식량 수요를 충족하기 위한 반항적인 선택이었을지 모르지만, 의도치 않게 인류 진화의 새로운 길을 열어준 것처럼 말이다.

수백만 년 후, 반항적인 오로린 투게넨시스에서 진화한 우리 인류는 과학 기술, 예술, 철학 등 여러 분야에서 세상을 새롭게 만들었다. 그러나 또 다른 어떤 무리는 오늘날까지 아직도 여전히 사족보행이라는 방식을 선택해 땅만 바라보는 삶을 살고 있다.

꼬리를 무는 역사

비록 의도된 바는 아니었을지 모르지만, '직립보행'은 분명 유인원의 첫 번째 경제학적 실천이다.

이는 경제학적 '선택' 논리가 인류 진화에 강력한 영향력을 발휘했다는 것을 충분히 반증한다. 경제학의 관점에서 본 인류 진화는 참신하고 기발하기에 그지없다. 이는 다른 각도에서 인류 발전의 중요한 변곡점을 잘 설명해 준다.

인류는 '선택'을 통해 멈추지 않는 발전을 지속해 왔다. 다음에도 지속될 일련의 선택지들은 또 다른 발전과 번영의 세계로 끌어나갈 인류의 간택을 기다리고 있을 것이다.

이동(移動)의 선택

더 많이 먹기 위해 움직이는 인류

———

지금까지 자신이 머물고 있던 지역을 벗어나 새로운 곳으로 이동한다는 것은 실로 위험천만한 일이 아닐 수 없다. 발길이 닿지 않았던 미지의 세계는 어떤 위험이 도사리고 있을지 아무도 모르기 때문이다. 지형지물에 익숙한 현재의 근거지에 남는 편이 생존에는 훨씬 유리하다. 그런데 왜 인간은 예상할 수 없을 만큼의 엄청난 위험을 무릅쓰고 안전지대를 박차고 나서게 되었을까? 아마도 그것은 인류가 직면할 수밖에 없는 경제학의 난해한 선택, 즉 '죽느냐, 사느냐'라는 생사의 기로에 놓여 있었기 때문이다. 직립보행이라는 첫 번째 선택에 이어 인류가 다시 고군분투하는 험난한 여정을 선택할 수밖에 없었던 진짜 이유는 무엇일까?

———

직립보행을 선택해 경쟁력이 높아진 원시 시대의 인류는 생존 능력이 대폭 강화되었다. 반면, 사족보행을 고집하던 유인원은 생존에 필요한 만큼의 충분한 음식을 구할 방법이 없었기에 점차 도태되어 갔다.

그러나 원시 시대 인류 역시 곧 '직립'이라는 선택만으로는 무엇인가 충분하지 않다는 것을 발견했다. 긴 팔다리와 높이 뛰어오를 수 있는 점프력을 갖춘 자가 더 높은 곳의 열매를 따 먹는다는 것을 깨닫게 된 것이다. 생존 능력이 강화되어 개체 수가 증가함에 따라 식량은 점차 부족해졌다. 채집활동에 3시간 정도를 할애해서는 더 이상 무리를 부양할 수 없었다. 부족을 굶주리지 않게 하려면 더 오래 채집활동에 힘써야 했다.

이스라엘의 유명한 학자이자 작가인 유발 하라리Yuval Noah Harari는 저서『사피엔스Sapiens』에서 3만 년 전 수렵·채집 사회가 '최초의 풍요사회'였으며, 이 시기의 인류가 역사상 가장 높은 행복지수를 누렸다고 주장한다. 그가 묘사한 당시 인류의 일상은 이렇다.

> "아침 8시쯤에 부족을 떠나 근처 숲과 풀밭을 어슬렁거리며
> 버섯을 따고, 뿌리줄기를 파내고 개구리를 잡기도 한다.
> 때로는 동물과 목숨을 건 사투를 해야 하는 수고로움도 있다.
> 점심 식사 때가 지나서야 그들은 부족에 돌아가서 점심을
> 만들 수 있다. 그래도 시간은 많이 남았다. 아이와 놀거나,
> 한담을 즐기거나 아니면 휴식을 취할 수도 있다."

사실 원시 시대 인류는 자연이 제공하는 식량을 얼마나 확보했느냐에 따라 생존 여부가 나뉘었다. 즉, 땅에 무엇이 있는가에 따라 무엇을 얻을 수 있는지가 결정된다. 그들은 식량을 경작하는 것이 아니라 수렵과 채집하는 수준에 머물러 있었기 때문이다. 원시 시대 자연환경은 잡아먹을 수 있는 먹잇감과 따먹을 수 있는 야생 과일이 무한히 많았지만, 하룻동안 닿을 수 있는 부족 주변의 자원은 제한적일 수밖에 없었다.

또한 인간의 사냥 능력과 도구의 한계로 하나의 부족이 얻을 수 있는 야생 음식과, 야생 과일 등의 양과 질도 다양한 요인에 의해 영향을 받았다.

처음에는 부족이 임시로 머물던 거주지 근처에서만도 충분한 양의 음식을 구할 수 있었지만, 수요를 충족시키려면 점점 더 먼 곳까지 가야 했다. 결국 하루 안에 복귀가 불가능한 거리까지 가야 하는 상황이 오면 '이동'을 선택하게 된다.

모계 사회에서 남성은 대부분의 시간을 노동과 종족 번식을 위해 사용해 왔다. 따라서 먹거리를 구하는 수렵과 채집 능력은 여성의 배우자 선택에 있어 중요한 기준이 되었으며, 먹이를 얻는 능력이 강한 남자만이 이성의 사랑을 받고 자신의 우월한 유전자를 후대에 남길 수 있다. 이때부터 수컷들의 경쟁이 시작되었다.

부족이 새로운 곳에 갈 때마다 남자는 여성의 환심을 사기 위해 자신의 힘을 과시했다. 사냥은 일종의 경기처럼 변질돼 부족 거주지 근처의 식량 자원을 빠르게 쓸어버렸다. 들짐승 무리는 목숨을 구하기 위해 늘 사방으로 흩어져 도망쳐야 했고, 채집 대상인 버섯과 야생 과일 역시 눈 깜짝할 새 사라졌다. 야생동물들은 흉기를 들고 살기 어린 눈초리로 육식을 즐기며 직립보행을 하는 이 이상한 종들이 벌이는 광경을 이제껏 본 적이 없었다. 살육의 현장에서 살아남은 야생동물은 공포에 질린 눈으로 황급히 도망쳐야만 했다.

이처럼 원시 시대 인류는 거주지 부근의 식량이 소진되면 새로운 장소를 물색하여 즉시 거주지를 옮겨갔다. 마치 반드시 따라야만 하는 절대 법칙처럼 천만년 동안 지칠 줄 모르고 이와 같은 이동을 반복했다. 그 당시에는 지구상에 인구가 많지 않아서 원하는 대로, 발길 닿는 대로 이동할 수 있는 지역이 충분했다. 인류에게 이 세상은 마치 무료 뷔페 식당과도 같았다.

이때 '음식'은 이동의 원동력이 되었다. 더 많은 음식을 얻기 위해 인류는 끊임없이 움직였으며, 먹거리가 있는 곳을 향해 나아가고 끊임없이 옮겨갔다. 그들은 달빛을 머리에 이고 별빛을 벗 삼아 밤길을 재촉했다. 새벽부터 밤늦게까지 부지런히 옮겨 다녔지만, 결코 되돌아가는 법은 없었다. 동아프리카 열곡대를 떠나 세월을 따라 움직이던 발걸음은 그후 수만 년의 시간을 따라 지구 구석구석으로 흩어졌다.

'식량'이라는 수익이 창출한 거대한 이동

현대사회에서 '인구 이동'은 대부분 자연환경, 전쟁, 자원과 같은 극단적인 사건에서 기인한다. 그러나 선사시대 인류의 이동은 대부분 더 많은 식량 자원을 확보하기 위한 것이었다. 음식의 유혹에 넘어간 인류는 전 세계로 뻗어 나갔고, 지리적 환경·일조량·기후의 차이로 점차 다양한 피부색을 가진 종족으로 진화했다.

고고학자들은 아프리카 원인猿人이 약 100만 년 전에 유럽에 도착했고, 약 57만 년 전에 베이징 저우커우뎬周口店에 도착했다는 유적을 발견했다. '먹보 인류'는 생존 본능과 미각의 유혹을 따라 음식에 이끌려 천 리 길도 마다하지 않고 걸어간 것이다.

경제학에서 이익을 추구하고 손해를 피하는 것은 인간의 행동 변화에 가장 강력한 원동력이다. 경제학의 법칙에 따라 '식량'이라는 수익은 선사시대 인류의 생존 방식을 완전히 변화시켰다. 음식은 끊임없이 이동하도록 인류를 이끌었으며 마침내 진화를 완성했다.

현대사회에서도 자원에 의해 인구의 이동이 이루어진다. 경제적으로 낙후된 지역의 인구는 경제적으로 발달하고 자원이 풍부한 대도시로 점차 유입된다. 예를 들어, 일본 전체 인구 약 1억 2,600만 명(2020년 10월 1일 기준 통계) 중 약 1,400만 명이 도쿄에 집중되어 있고, 한국 전체 인구 약 5,200만 명(2021년 기준 통계) 중 약 1,000만 명이 서울에 거주하고 있다. 오스트레일리아 전체 인구 약 2,500만 명(2021년 기준 통계) 중 1,000만 명 이상의 인구가 시드니와 멜버른 두 도시에 살고 있다. 중국 역시 4대 경제권이라 불리는 장강 삼각주长三角, 징진지京津冀(베이징·톈진·허베이), 주강 삼각주珠三角, 청위도시군成渝城市群(청두·충칭 일대)이 4대 인구 밀집 지역이 되었다.

인류 경제의 발전 형태는 인구 이동의 방향을 결정한다. 인구 이동의 응집 효과는 지역 인재의 경쟁력을 더욱 강화하여 발전을 촉진하기 때문에 중첩된 마태 효과Matthews effect[5]가 나타난다. 인구가 모일수록 분업은 활성화되고, 분업의 단위가 세분될수록 경쟁력은 높아진다. 대도시

---

5   **마태 효과** 미국 사회학자 로버트 머튼이 처음 주장한 것으로 부유한 자와 가난한 자의 부의 간극이 점점 더 벌어진다는 빈익빈 부익부 현상의 함축적 표현이다. 마태복음 25장 29절 "무릇 있는 자는 받아 넉넉하게 되되 없는 자는 그 있는 것도 빼앗기리라."라고 한 데서 유래하였다. 자본주의 사회에서 자본축적의 마태 효과는 필연적 결과이다.

의 인구를 끌어당기는 사이펀 효과^{Siphon effect}(중력을 이용해 높은 곳에 있는 액체를 낮은 곳으로 옮기는 연통관의 원리)로 인해 사람들은 더욱 모여들게 된다.

먹거리를 향한 '먹보 인류'의 맹목적 이동은 전 세계에 다양한 인구분포 형태를 형성했으며, 또한 경제학의 기본 논리를 만들어 냈다.

꼬리를 무는 역사

이동은 고통이다. 인간 유전자에 깊이 남아 있는 고향을 향한 향수는 인류가 이동을 시작한 무렵에 이미 형성되었을 것이다. 하지만 이 고통스러운 과정은 인류에게 새로운 활력을 불어넣었다. 인류는 식량 수급 문제 때문에 이동을 강요받았다. '먹보 인류'는 생활 환경의 범위를 크게 확장하여 인구 대성장의 토대를 마련했다. 동시에 집단의 경제활동으로 또 다른 기술 혁명을 맞이할 조건을 창조했다.

불의 선택

더 많이 먹기 위해 불을 피운 인류

개인의 선택은 개인의 행동에 영향을 미치는 데 불과하지만,
집단의 선택은 거대한 경제적 현상을 만들어 낸다. 오늘날 전 세계 사람들의
인터넷 사용이 혁신을 일으킨 것처럼 집단의 선택은 그 집단이 속한
사회 전체에 엄청난 반향을 불러온다. 선사시대에 인류는 직립과 이동에 이어
'불의 사용'이라는 세 번째 선택을 감행했다. 우연이라고도 볼 수 있는
이 선택은 인류에게 이전에 볼 수 없었던 충격적인 결과를 선사했다.

'직립'이라는 첫 번째 선택을 통해 인류는 더 높은 곳에 매달린 열매를 수확하고, 양손을 활용해 더 많은 먹거리를 차지할 수 있었다. '직립'으로 인해 더 멀리에 있는 야생 과일, 꿀, 새알 등을 볼 수 있었고, 넓어진 시야를 갖게 되어 또 다른 세계를 발견하게 되었다.

배고픈 위는 쉴 새 없이 꼬르륵대며 채워달라 아우성치고, 혀끝은 먹고 싶다는 욕망에 군침이 줄줄 흘렀다. 때마침 인류의 손에는 얼마 전에야 힘겹게 완성한 돌도끼가 쥐어져 있다. 돌도끼와 나무 몽둥이로 무장하여 사기충천한 '먹보 인류'는 끓어오르는 식욕과 굶주린 배를 채우기 위해 아프리카 열곡대를 벗어나 먹거리가 넘쳐나는 미지의 세계를 향해 힘차게 나아갔다.

만약 인간이 그저 식음과 배변만 한다면 보통의 동물과 다를 바가 없을 것이다. 그러나 인간은 직립보행을 시작한 지 얼마 지나지 않은 시점에 '도구의 사용'이라는 혁신적 돌파구를 개척하며 인류의 지위를 생

태계의 정점에 확실히 옹립했다.

경제학에서 '산업혁명'이라 부르는 '기술적 혁명Technical revolution'은 끊임없이 증가하는 수요를 충족하기 위해 생산기술 및 공정에 새로운 변화를 맞게 되었고, 이로 인해 생산의 양적, 질적 측면이 비약적으로 발전했다.

인류사의 3차에 걸친 산업혁명은 모두 근대에 이루어졌다. 1차 산업혁명은 18세기 와트의 증기기관의 주도로 이루어졌고, 19세기 전기의 발명은 2차 산업혁명을 이끌었다. 20세기 정보통신의 비약적 발전으로 이루어진 지식정보 혁명이 바로 3차 산업혁명이다.

그러나 인류가 진화하는 과정에서 '불의 발견과 사용'은 근대에 일어난 세 차례의 산업혁명과는 비교조차 할 수 없는 대변혁을 일으킨 '초월적 혁신'이라 볼 수 있다.

고대 그리스 신화에서 하늘의 신 제우스는 인간의 불의 사용을 엄격히 금지했다. 하지만 불 없이 추위와 어둠 속에서 고통받으며 사는 인간을 가엽게 여긴 프로메테우스가 올림포스산에서 불씨를 훔치는 것을 도와주며 금기를 깨게 되었다.

제우스는 프로메테우스가 자신의 권위를 무시하고 인간에게 불의 사용을 허용한 것에 대해 크게 분노했다. 제우스는 그를 코카서스산 절벽에 가두고 영원히 고통받게 했다. 매일 밤 프로메테우스를 절벽에 묶어 놓고 독수리의 공격을 받게 했으며, 독수리가 간을 먹어 치우고 나면 다음 날 다시 그의 간을 회복시켜 똑같은 고통을 반복해서 겪게 하는 끔찍한 형벌을 내렸다.

그러나 이는 신화일 뿐, 인류가 처음 불을 사용하게 된 기원은 천둥과 벼락에서 비롯되었다.

55만 년 전, 베이징 저우커우뎬의 베이징 원인 한 무리가 사냥을 나갔다가 천둥과 번개로 인해 나무가 쪼개지면서 발생한 산불을 발견하게 된다. 이로 인해 제때 도망치지 못한 많은 동물이 불에 타 죽는 참혹한 상황이 벌어졌다. 바로 이때 인류의 식탐이 터지고 말았다. 동물들이 모두 도망가는 바람에 빈손으로 돌아가야 할 위기의 상황에 고심하던 배고픈 사냥꾼 무리는 벼락을 맞아 시커멓게 타버린 동물들에게서 뿜어져 나오는, 지금껏 한 번도 맡아보지 못한 육류의 향에 매료되었다. 배고픔과 식탐으로 이것저것 가릴 여유가 없던 사냥꾼 무리는 불에 그을린 동물들을 먹어보기 시작했고, 뜻밖의 식감과 맛에 놀라움을 금치 못했다. 분명 예전에 먹던 날고기와는 비교할 수 없을 정도로 맛과 향이 좋아졌음을 깨닫게 된 것이다. 그들은 이 맛 좋은 음식을 가족에게 먹이기 위해 불씨를 동굴로 가져가기로 결심한다. 이렇게 불은 최초로 인간의 삶에 투입되었다.

원시 인류의 불의 발견과 사용은 인류의 진화에 놀라운 변화를 일으켰다. 불에 익힌 음식은 소화 흡수가 훨씬 더 잘될 뿐만 아니라 200가지 이상의 새로운 화합물을 형성할 수 있어 인간의 몸이 더 충분한 영양을 섭취하는 데 도움이 된다.

먼저, 음식을 굽는 과정에서 박테리아와 기생충이 사멸한다. 생고기에는 선모충과 같은 기생충이 포함된 경우가 많아, 이를 날것으로 섭취하면 발열, 부종, 발진, 근육통 등의 증상이 나타날 수 있으며 심할 경우 사망에 이르기도 한다. 그러나 고온에서 가열하면 다수의 기생충은 사라져 인간의 사망률은 큰 폭으로 감소한다.

또한 익힌 음식은 날고기보다 빠르게 소화되고 뛰어난 풍미를 자랑한다. 인간은 음식을 익혀 먹음으로써 짧은 시간 안에 많은 영양소를 섭취할 수 있었는데, 충분한 영양 섭취는 장기, 뇌, 뼈의 진화를 촉진했다. 질긴 생고기를 씹는 데 필요한 커다란 턱이나 날카로운 이빨도 필요 없어져 구강 구조에도 변화가 생겼다. 이 과정에서 뇌가 커질 수 있는 여유 공간이 확보되었고, 이렇게 '화식'을 시작하면서 인간의 뇌의 용량은 충분히 늘어날 수 있었다.

불, 친목의 다리를 만들다

인류의 거주지 안으로 불씨가 들어와 활활 타오를 때 비로소 인류 문화의 태동도 시작되었다.

영어 단어 'Focus'는 '초점'이라는 뜻이다. 'Focus'라는 단어는 본래 고대 로마의 가정마다 설치되어 있던 '벽난로' 또는 '화로'를 뜻하는 라틴어이다. 17세기에 물리학자인 케플러Kepler가 이 단어를 렌즈의 굽은 점에서 불이 붙는 것에 비유해 빛의 '초점'을 수학적 의미에서 수렴하는

'구심점'으로 표현하기 위해 사용했다.

원시 사회에서 모닥불은 논쟁의 여지 없이 하루 종일 일하고 돌아오는 사람들의 '구심점'이 되었다. 일반적으로 원시 시대 인류는 모닥불 주위에 둘러앉아 먹거리를 조리했다. 모닥불이 사람들의 교류와 모임의 구심점인 셈이다.

세차게 몰아치는 계곡의 바람으로부터 추위를 막는 모닥불은 난방 기능을 할 뿐만 아니라 부족원들이 각기 열심히 구해온 먹거리를 나누는 교류의 장이 되었다.

이는 상당히 남다른 의미로 해석해 볼 수 있다. 수천 년의 세월 동안 인류에게 교류라 할 만한 것은 거의 없었다. 평소에 만나면 간단한 인사만 나누고, 날이 저물면 각자 거주지로 돌아가 가족 단위의 생활만 영위했을 뿐이다. 이렇다 할 교류 장소도, 기회도 없었다.

그런데 모닥불이 불씨를 댕겼다. 인류에게 교류의 장을 제공하여 서로 친교를 나눌 공간과 기회를 제공한 것이다. 모닥불 근처에서 무리가 먹을 음식을 단체로 조리하고 나누어 먹는 모습이 서서히 많아지며 모닥불을 중심으로 한 집단생활은 점차 무르익어 갔다.

과거에는 음식을 먹는다는 것이 다분히 개별적이고 신속하게 행해지는 개인 영역의 활동에 지나지 않았다. 그러나 모닥불을 피우고 난 뒤 '식사'는 여러 사람이 함께 누리는 단체의 활동으로 변모했다. 사람들은 더 오랫동안 모닥불 주위에 둘러앉아 함께 불을 쬐고 온기를 나누며 시간을 들여 먹거리를 조리했다. 모닥불이 있는 공간은 인류 최초

'사교의 장'이 되었다.

한 무리의 사람들이 모닥불 옆에 모이니 자연스레 교류가 많아졌다. 옆에 있는 사람에게 땔감을 건네 달라고 하기도 하고, 손이 닿지 않는 고기 한 조각을 전해줄 수도 있다.

길고 지루한 밤에도 사람들은 모닥불을 에워싸고 그날의 사냥 결과와 먹거리에 대한 정보를 공유했다. 어떤 동물 고기가 맛있는지, 어디에 가야 그런 동물을 사냥할 수 있는지, 어떻게 구우면 더 맛있는지 등을 소통했다.

먹보 인류, 소리 내어 웃다

인류의 소통에 대한 수요가 높아짐에 따라 연쇄적인 대변혁이 일어났다. 바로 '언어의 생성'이다. 인간이 직립보행을 택해 인간과 동물의 경계선을 그었다면, 불의 사용은 인류 문명의 빠른 진화를 이끌었다.

직립보행 후 구강구조가 변하고 입이 작아지며 입과 목 사이에 직각 공간이 형성되었다. 입안의 공간이 더 커진 것인데, 이는 인간이 다른 동물과 구별되는 중요한 지표 중 하나다. 이 직각 공간은 다양한 소리를 내는 데 도움이 된다.

화식을 시작하며 인간은 더 이상 씹어야 하는 턱에 힘을 줄 필요가 없게 되면서 턱이 수축하기 시작했다. 턱의 활동이 자유로워지자 발음 기관은 움직일 수 있는 공간을 더 많이 확보하였고, 울림소리와 입술을 사용하여 내는 소리가 발달하게 되었다.

인간의 의사소통에 대한 강렬한 의지는 단편적이고 연속적인 음을 낼 수 있도록 만들어 '웃음소리'를 탄생시켰다. 불을 거주지 안으로 들여온 선택이 다시 한번 인류의 진화에 긍정적인 촉매작용을 한 것이다.

이처럼 불의 사용은 인간의 생활 방식을 대대적으로 변화시켰다. 날고기를 먹던 시절에는 더 많은 양의 영양분이 필요하고 소화하는 데 긴 시간이 소요되었지만, 이제는 이에 필요한 시간이 크게 단축되어 인류는 생각할 시간이 더 많아졌다. 이를 통해 인간의 두뇌 용량은 더 빠르게 증대되었다.

인류의 사고思考가 시작되자 많은 것이 변화되었다. 그중 가장 큰 변화는 모닥불 근처의 자리를 선점하는 것이다. 모닥불 주위 자리 중 어떤 자리는 바람이 많이 불어 춥고, 어떤 자리는 연기가 많이 와서 불편하다. 또 어떤 자리는 음식에 접근성이 떨어지는데, 이런 자리에 대한 장단점이 명확히 눈에 들어오게 된 것이다. 처음에는 다들 선착순으로 천천히 자리를 잡았다.

인간의 생각은 이제 '같음과 다름'을 인식하는 데 이르렀고, 무리 내에서 차등이 생겨났다. 점차 부족 내에서 가장 높은 지위를 가진 사람들에게 좋은 자리를 양보하는 경향이 생기며 계층이 형성되기 시작했다. 그리고 이 '좌석 배열'의 습관은 오늘날까지 이어지고 있으며, 인간이 지켜온 관습적인 규율을 형성하고 있다.

인류는 불의 사용을 통해 선사시대 기술 혁신을 일으켰다. 불의 사용은 인류의 진화 속도를 가속했으며, 이후 인류 문명의 발전에도 커다란 영향을 끼쳤다.

불의 사용으로 음식을 익히고 어둠도 밝혔다. 추위를 몰아내 몸을 따뜻하게 하고 맹수를 쫓아냈다. 이후 인간은 불로 금속을 녹여 청동기를 주조鑄造해 도구를 만들었고, 청동기 시대로 접어들었다. 근대 들어서는 석유에 불을 붙여 끓어오르는 증기로 1차 산업혁명을 주도했다. 불을 이용한 '성화 봉송' 의식으로 더 높고, 더 빠르고, 더 강한 인류가 되자는 올림픽 정신을 빛냈다. 오늘날 인류는 로켓에 불을 붙이고 지구를 떠나 더 신비로운 우주를 탐험하며, 천만년 동안 지배해 오던 인류의 세계에 대한 인식을 뒤바꿔 놓았다.

불을 사용하게 된 것은 인류가 진화하는 과정에서 발생한 우연에 불과했다. 그러나 이는 인류 최초의 기술 혁명으로 신체 진화, 언어 생성 및 텍스트의 출현 등 상상할 수 없을 정도로 놀라운 문명을 발전시키고 인류의 삶을 혁신적으로 변화시켰다.

꼬리를 무는 역사

'불의 사용'을 선택함으로써 인류는 삶의 한계를 넘어 진정한 의미의 문명으로 나아가기 시작했다. 인류 최초의 기술 혁명인 불의 사용은 인체의 영양소 흡수 효율을 높이고 사망률을 줄여 인간의 생존 비용을 현저히 감소시킴으로써 인류에게 막대한 경제적 이익을 안겨준 '완벽한 경제혁명'이라 일컬을 수 있다.

정착의 선택

안정적 식량 확보로 인한 제1차 경제혁명

아무런 계획 없이 떠돌아다니는 유목민의 수렵 및 채집활동으로는
늘어난 인구의 배를 채우기가 턱없이 부족했다.
그래서 인류는 '정착'이라는 네 번째 선택을 하기로 한다.
이 파격적인 결정은 오늘날 인간의 삶에 어떤 영향을 미쳤을까?

수렵과 채집을 통해 삶을 영위하던 시대에 인류 먹거리의 구성은 다른 동물의 식생과 크게 다르지 않았다. 순수한 자연이 내어주는 그대로의 야생 과일을 채집하고 동물을 잡아먹는 수준에 그쳤기 때문이다.

물론 시간의 흐름에 따라 인류의 수렵·채집 기술도 발달했다. 축적된 채집 경험을 통해 먹거리의 대상인 동·식물의 성장 법칙을 이해하고, 지형을 파악해 수렵 및 채집도 과거에 비해 훨씬 용이해졌다. 그러나 여전히 기후나 토양·습도 등에 대한 이해가 부족해 여전히 운에 의존하여 먹거리를 발견해야만 했다.

무엇보다 먹거리를 발견하는 장소가 무작위적이었다. 몇 개의 산을 넘어도 먹거리를 찾지 못하는 일이 허다했다. 게다가 이 과정에서 구할 수 있는 먹거리의 종류와 수량이 들쭉날쭉했다. 순한 토끼를 만날 수도 있고, 사나운 표범을 만날 수도 있다. 한 마리일 수도 있지만, 무리를 만날 수도 있다. 한 무리의 사나운 짐승 떼를 조우하게 되면 누가 사냥꾼이고 누가 먹잇감인지 애매해지는 상황이 벌어지기도 한다.

동물 수렵뿐만 아니라 식물의 채집 역시 무작위성이 강하다. 얼마 헤매지도 않았는데 커다란 야생 포도를 발견하게 될 수도 있고, 힘들게 산을 넘고 물을 건너도 고작 버섯 몇 송이만 찾을 수도 있다. 간신히 이동해도 먹거리 발견 순서에 따라 마지막에 도착한 무리는 아무것도 얻지 못해 배를 곯고 다른 먹거리를 찾아 다시 발걸음을 옮겨야 할 수도 있었다. 이러한 '무작위성'은 전체 집단의 생존을 위협하는 치명적 도전이었다.

전해져 내려오는 전통적인 수렵 및 채집 방식은 불확실성이 너무 강해 인류 생존에 심각한 위협이 되었다. 특히 설상가상으로 한랭한 지역에서 맞는 겨울에는 불확실성이 더욱 커져 먹거리가 아예 씨가 말라 버리기도 했다. 그래서 원시 시대에 한 부족 전체가 폭설 속에서 바들바들 떨며 기아에 허덕이는 상황은 백만 년 동안 몇 번이고 되풀이되었다.

약 12,000년 전, 인구가 폭발적으로 증가해 전 세계 인류의 숫자가 300만 명을 넘어선 때가 있었다. 원시적인 수렵과 채집 방식은 불어난 인구의 식량 수요를 충족하기에는 턱없이 부족했다. 먹고살기 위해서는 더 빨리, 더 멀리 이동해야 하며 이주 빈도 역시 더 잦아야 했다.

그러나 거주지를 자주 이동하는 것은 힘들고 위험천만한 일이 아닐 수 없다. 변화무쌍한 기후변동이나 이동 중 맹수의 출몰로 많은 사람이 길 위에서 목숨을 잃었다.

적절한 거주지를 제때 찾을 수 있을지조차 장담할 수 없었다. 또 먹거리가 충분한 지역을 오랫동안 찾지 못하면 한 무리의 부족이 단체로 굶어 죽는 일도 빈번했다. 간혹 인간과 자연에 관련된 다큐멘터리를 보게 된다면 당시의 고된 이주 과정을 생생하게 느낄 수 있을 것이다.

갑자기 발걸음을 멈춘 인류

그렇다면 먹고사는 문제에서 이주하는 것 외에 인류가 평온을 누릴 수 있는 좋은 방법은 없었을까? 당연히 방법을 찾았기에 현재 우리가 존재하는 것이다. 답은 '정착'이다.

9,000년 전쯤 인류는 전환점을 맞이한다. 이주 생활로 고통받던 사람들은 갑자기 이동을 멈추고 한곳에 정착하기로 한다. 육류와 식량의 지속적이고 안정적인 수급을 위해 동물을 길들이고 식물을 재배하기 시작한 것이다.

이 획기적인 발상과 탁월한 선택은 인류의 미래에 직접적이고 가장 강력한 영향을 미쳤다. 비록 당시 세계의 모든 대륙과 부족들이 서로 연락할 방법은 없었지만, 마치 하늘의 계시라도 받거나 약속을 한 것처럼 전 세계에 흩어져 있던 부족 모두가 비슷한 시기에 발걸음을 멈추고, 가축을 길러 땅을 일구기 시작했다.

먹거리에 원대한 이상을 품은 우리 조상들은 자신과 가족의 배를 채우기 위해 동물에서 식물에 이르기까지 먹을 수 있는 것들은 모두 닥치는 대로 기르고 재배하기 시작했다.

수렵의 시대에는 사냥꾼들이 사냥의 효율성을 높이기 위해 더 나은 파트너와 조수를 필요로 하는 경우가 많았다. 인간의 눈에는 이동 속도가 매우 빠르고 용맹하며 충분한 지능을 소유한 늑대가 가장 적합한 사냥 파트너로 보였고, 동물 중 늑대를 가장 먼저 길들이는 데 성공한다. 선사시대에 길든 늑대가 바로 오늘날의 '개'이다.

개는 운 좋게도 '먹보 인류'들이 길들인 최초의 동물이 되었다. 적에 맞설 수 있는 용맹함과 인간에 대한 높은 충성도는 사냥의 효율성을 높이는 데 엄청난 영향을 미쳤다.

게다가 개는 후각이 발달 되어 있으며 지능이 높아 인간의 명령을 잘 이해한다. 그래서 인간을 도와 사냥감을 찾아 포획하는 데 완벽한 조력자가 될 수 있었다.

세계 각지의 암각화를 보면 개들이 사냥에 참여하는 모습을 쉽게 찾아볼 수 있다. 개는 수천 년 동안 인간과 함께 지내면서 점차 인류의 보편적인 인정을 받았다. 다수의 구석기 무덤에서 주인을 따라 순장된 개들이 출토되는 경우가 있는데, 그 옆에 사냥도구가 놓여 있는 것을 보면 당시 인류가 개를 사냥 조력자로 삼았음을 알 수 있다.

'먹보 인류'는 여러 먹잇감 중 개 역시 육류 공급원의 하나로 삼으려고 했으나 결국 실패했다. 그 이유가 너무나 흥미로운데, 인간 못지않게 많이 먹는 '먹보 개'는 먹는 것에 비해 살이 찌지 않아 육류 생산량의 효율성이 떨어지기 때문이다. 그래서 인류 진화의 여정에서 개는 다행스럽게도 돼지와 같은 길을 걷지 않아도 됐다.

개와 달리 돼지는 지능은 개와 비슷하지만, 먹는 대로 살이 오르는 특성이 있다. 인간이 주는 사료량에 비해 고기로 전환되는 효율이 매우 높아 인간의 육류 공급원 중 가장 높은 비중을 차지하는 것이다.

더 많이 먹기 위해 작물을 재배하다

인류의 사육과 조련은 멈추지 않았다. 오직 '닥치는 대로 먹고 말겠다'는 일념으로 인류는 계속해서 온갖 방법을 동원하여 머리를 굴렸다.

동물을 길들이는 데 노하우가 생긴 인류는 힘든 노동을 대신해 줄 또 다른 동물을 찾고 싶었다. 4500여 년 전, 코카서스^{Caucasus}산맥 남쪽 지역에서 강한 힘과 빠른 발을 갖춘, 인간의 노동을 대신하기에 매우 적합한 야생마를 발견했다. 몇 번의 실패 끝에 마침내 이 야생마를 길들여 쟁기를 끌고 다니게 하는 데 성공한다. 이렇게 길든 말은 곧 아라비아 반도와 유라시아 대륙에 널리 퍼졌다.

인류는 말이 힘든 노동을 대신할 수 있을 뿐만 아니라 이동 수단으로도 사용될 수 있다는 것을 알게 되었다. '먹보 인류'는 말에 올라 채찍을 휘두르며 길을 나서기 시작했다. 두 발로 걸어 다니던 예전에 비해 외출이 훨씬 수월해졌고, 사냥의 효율성도 대폭 상승했다.

이에 그치지 않고 인류는 식물도 길들이기 시작한다. 야생에 자생하던 식물을 재배가 가능한 식물로 바꾼 것이다. 이렇게 획기적인 방법으로 재배되던 식물 중 밀, 보리, 렌틸콩 등은 현재의 우리에게도 친숙한 작물로 남아 있다.

오늘날 우리는 훗날 인류를 위한 농업 재배 기반을 마련하기 위해 간

큰 생체 실험을 자처한 먹보 조상들에게 감사를 표해야 한다.

'먹보 인류'는 처음에는 굶주린 배를 채우겠다는 일념으로 작물을 재배했다. 그러나 경작의 결과가 미치는 영향력은 단순히 먹고 마시는 식생활에만 그치지 않았다. 지리적 위치와 시간, 경작물 종류에 대한 선택은 문명 형성의 직접적 결정요인이 되었다. 밀과 보리는 바빌론 문명을, 옥수수는 멕시코의 고대 마야 문명을 형성했다. 쌀과 기장은 중국의 황하 문명의 근간이 되었다.

고대 중국 역사를 살펴보면 '벼'는 남방의 오월吳越 문화[6]를, '기장'은 중원中原 문화[7]를 대표한다. 밀과 보리는 서역 문화의 대표 경작물이다. '밀'은 '실크로드'를 통해 중국에 유입되었는데, 점차 중원 문화와 융합하여 중국에 뿌리를 내리고 싹을 틔웠다.

소수의 사람만이 알고 있는데 사실 기장의 원종은 '여뀌Pepper smart weed'라는 마디 풀과Polygonaceae의 식물이다. 고대인들은 이 잡초를 경작하여 기장으로 개량했다. 고대 역사에서 흔히 등장하는 '왕실과 나라'를 뜻하는 '종묘사직宗廟社稷'의 직稷은 기장, 조를 가리킨다. 다시 말해, '사직'은 '토지와 곡식'을 의미하는데 과거 곡식이 하나의 국가와 견줄

---

6   **오월 문화** 타이후(太湖) 호수 유역을 중심으로 한 장쑤성 및 저장성의 지역 문화이다. 오나라와 월나라가 번영했던 지역을 중심으로 발달한 문화로 각 나라 이름을 한 자씩 발췌하여 '오월 문화'라 이른다.

7   **중원 문화** 황하 중·하류 지역의 허난성을 중심으로 발달한 문화로, 중화 문명의 요람으로 평가된다. 중원 지역은 고대 중국의 정치 및 경제의 중심지로 중국 역사상 20개 이상의 왕조가 중원에 수도를 정했으며, 뤄양(洛陽), 카이펑(開封), 정저우(鄭州)를 포함한 중국 8대 고대 수도의 절반 이상이 위치했다.

만큼 중요한 위치에 있었다는 것을 보여 준다.

인류는 동물을 길들이고 식물을 경작하는 '정착'이라는 선택을 통해 또 다른 발전 단계로 도약했다. 메소포타미아Mesopotamia 지역에서 처음 시작된 유목 생활에서 농경 생활로의 전환은 미국의 저명한 경제학자 더글러스 노스Douglass Cecil North에 의해 '제1차 경제혁명'이라고 명명되었다.

꼬리를 무는 역사

'정착'이라는 선택은 인류의 진화에 다시 한번 박차를 가했다. 먹거리를 향한 강한 열망으로 빚어낸 '정착'의 선택은 혁신적 경제혁명을 일으켰다. 이전의 수동적인 채집활동은 능동적인 식량 생산으로 바뀌어 식량 기반구조 전체가 확대되는 결과를 낳았다. 이 위대한 선택으로 인류 문명의 발전은 새로운 시대로 접어들게 되었다.

소유권의 선택

'제 밥그릇' 사수를 위한 재산권의 탄생

원시 사회의 주요 경제적 산물은 식량이었다. 따라서 자연스럽게 식량이 누구에게 귀속되느냐에 인류의 초점이 맞춰졌다. 배고픔은 원초적 원동력이 되고, 식량 부족은 촉매제가 될 수밖에 없는 열악한 생활 환경 속에서 인류는 어떻게 살아남아 대를 이어왔을까? 여기서 인류는 다섯 번째 선택을 감행하게 된다.

어떤 의미에서 보면 '전쟁'은 인류가 '먹보'였기 때문에 초래된 것이다.

전쟁의 발단은 '재산권'이었다. 이 재산권은 1차 경제혁명, 즉 '농업 혁명'으로 발생한 것으로 전쟁은 선사시대 1차 경제혁명의 간접적인 산물이라고 할 수 있다.

수렵 및 채집 유목 생활에서 모든 수확물은 부족이 공동 소유하며 부족장이 균일하게 분배하였다. 즉, 수렵과 채집의 시대에는 재산권이라는 개념이 거의 존재하지 않았다.

제1차 경제혁명 이후 인류가 '정착'을 선택하고 농경 생활이 본격화되면서 인구 증가 속도는 가파르게 상승하였다. 출생률이 높아지고 부족의 규모가 커져 사람들이 모여 살게 되면서 인간의 면역 체계는 영양 부족과 질병 등 새로운 위기에 직면하게 되었다.

과학자들의 분석에 따르면 호모 사피엔스는 정착 생활을 시작한 이후 대규모 집단 거주 환경으로 활동량이 급속히 감소하며 평균 수명이 약 10년 단축되었다. 역시 생명 연장의 꿈은 꾸준한 운동만이 가능케한다. 물론 수명 단축의 가장 중요한 원인은 부족의 규모가 커진 후 급격히 많아진 바이러스와 식량 부족에 있었다.

잦은 배고픔에 시달리던 인류는 점차 위험 의식이 머릿속에 각인되었다. 이 위험 의식은 언제든지 덮칠 수 있는 식량 위기를 극복하기 위해 인류 스스로가 식량을 비축하도록 만들었다. 또 자신의 재산이 다른 사람과 분리되어야만 식량 비축의 의미를 찾을 수 있다는 것을 깨달으며, 자연스럽게 재산권이 등장하게 되었다.

그렇게 세상은 '공동 소유'의 유목 사회에서 '개인 소유'의 농경 사회로 전환되었다.

재산권을 표시하기 위해 그들은 자기 식량에 고유한 표식을 남기기 시작했다. 처음에는 그저 대충 알아볼 수 있도록 칠하는 수준이었다. 그러나 곧 자신의 표식이 다른 사람의 표식과 매우 유사하여 혼동하기 쉽다는 것을 깨달았다. 이에 표식의 개성과 차별화를 위한 끊임없는 개선을 시도하면서 인류 문명의 상징인 '문자'가 등장하게 된다. 메소포타미아의 유프라테스강과 티그리스강 유역에서 발견된 쐐기 문자는 처음에는 일종의 회계 도구로 만들어졌다.

원시 사회의 농경은 아직 초기 단계에 머물러 농작물의 저항력이 약해 기후가 수확량에 직접적인 영향을 미쳤다. 정착 생활 후 인구 증가의 속도가 급격히 빨라졌기 때문에 흉년이 든 해에는 식량 부족으로 모든 부족이 '생존'이라는 난제에 직면해야 했다.

재산권이 등장한 후 더 많은 식량을 소유한 개인이나 부족은 배고픔에 굶주린 사람들이 노리는 약탈의 대상이 되었다. 이미 '사유 재산'에 대한 공감대가 형성된 터라 과거처럼 타인의 식량을 당연하게 공유할 수는 없었다. 그러니 식량을 구하기 위해서는 무력에 의한 약탈밖에 다른 수단이 없었다. 따라서 원시 시대에는 굶주림이 있는 곳에 무력 충돌 사태가 일어났다.

동물의 세계에서 약육강식은 자연의 섭리에서 비롯된 행위이다. 지금도 자연 다큐 프로그램에서 유사한 장면을 흔히 볼 수 있다. 아프리카 초원에서 사자가 사슴을 사냥하면 사자가 미처 다 먹기도 전에 피비린내를 맡은 하이에나 떼가 먹이를 먹으려는 사자들을 둘러싸고 있다. 백수의 왕이라 불리는 사자도 중과부적衆寡不敵이라 어쩔 수 없이 먹이를 포기해야만 한다.

초기에는 약탈이 쉬웠다. 사유제가 형성된 초기는 원시 인류가 단일 가족 단위로 구성된 사회였기 때문에, 하이에나가 사자를 협박하는 것처럼 다수의 힘으로 밀어붙이면 쉽게 식량을 약탈할 수 있었다. 그러나 점차 개인이나 가족 단위의 힘이 매우 약하다는 것을 깨달은 인류는 다시 사유재산권 하에 연합된 '부족 사회'를 형성했다. 이는 이전의 공유재산제 부족과는 달랐다. 이 부족 내의 모든 사람의 물자는 개인의 소유를 인정한다. 부족의 연합은 무력 약탈자에 대항하기 위한 것이며, 이는 사유재산권을 지키기 위해 자발적으로 조직된 연맹이다.

사냥감과 곡식 등 식량을 많이 보유한 부족에게는 항상 약탈의 위험이 도사리고 있었다. 언제든 약탈을 당할 수 있다는 불안감에 이를 대비해 방어를 강화해야만 했다. 더 튼튼한 울타리를 세우고, 식량을 안전하게 보관할 창고를 지어야 했으며, 심지어 교대로 불침번을 서서 재산을 지키기도 했다.

오로지 먹기 위해 싸우다

공격과 수비, 양측은 게임을 시작했다. 약탈하는 공격자는 무기를 개량할 방법을 찾고, 수비자는 견고한 방어진을 쳤다. 그리고 점차 단단해진 방어선을 돌파하기 위해 약탈자들은 다른 부족과 연맹을 맺기 시작했다. 대규모 공격으로 승산을 높인 뒤 전리품을 균등하게 분배할 계획도 세웠다.

방어하는 쪽도 뒤질 수 없었다. 마찬가지로 더 많은 부족이 모여 함께 방어하는 인류 최초의 '연합군'이 생겨났다. 중국 속담에 "사람은 재물 때문에 죽고 새는 먹이 때문에 죽는다"라는 말이 있다. 욕심이 사람을 죽인다는 뜻이다. 배고픔은 궁지에 몰린 사람들로 하여금 약탈의 위험을 감수하게 하고, 식량을 가진 사람들은 목숨을 바쳐 식량을 지켜내려 했다. 이렇게 집단의 힘으로 공격하고 집단의 힘으로 막아내면서 인류사 전쟁의 서막이 오르게 되었다.

통상 약탈하는 측과 수비하는 측이 정해져 있지는 않았다. 올해 A 부족이 운이 좋아 풍년이 들면 수비가 되고, 내년에 A 부족의 작황이 안좋거나 약탈로 인해 식량이 부족하면 반대로 약탈자가 된다. 이런 현상이 반복되면서 결국 원시 시대의 잔혹한 난투극을 빚어냈다.

이와 같은 수천 년 동안의 참극으로 소유에 대한 개념과 방어 의식이 자연스럽게 인류의 유전자에 각인된 것이다. 그래서 어린아이도 맛있는 음식은 손에 꼭 쥐고 이를 지키기 위해 안간힘을 쓴다. 이것이 진화 과정에서 유전자에 남겨진 인류의 유산이다.

현대에 이르러서도 식량으로 인한 전쟁은 벌어졌다. 우리가 흔히 먹는 '대구'라는 생선은 1958년부터 1976년까지 아이슬란드와 영국 사이의 세 차례의 '어업전쟁'을 일으켰다. 일명 '대구 전쟁 Cod Wars'이라 불리는 이 전쟁은 거의 20년 동안 지속되었다. '대구'가 지역 경제와 생계 유지를 위한 귀중한 자원으로 북대서양의 어업권을 대표하는 생선인 탓이다.

전쟁은 식량 수탈로 시작되어 점점 더 치열해졌다. 인류는 점차 식량 수탈의 수준으로는 만족하지 못했으며, 인구와 토지도 전쟁에서 수탈해야 할 중요한 대상이 되었다. 이런 대상은 추후 식량 생산을 위한 지속적인 자원의 보고寶庫가 될 수 있었다. 이는 인류의 가치에 대한 개념이 점차 무르익었다는 간접증거이기도 하다. 전쟁에서 승리한 쪽은 포로를 생포해, 더 많은 식량을 생산하고 더 많은 부를 창출하기 위해 밭에 나가 일하도록 강요했다. 처음에는 단순한 식량 약탈에서 자원과 노동력에 대한 쟁탈로 발전했고, 그 결과 부족 갈등은 대규모 전쟁으로 확대되었다.

주지하다시피 전쟁은 참혹하다. 맨주먹으로는 효과적인 공격도 어렵고, 자신의 식량도 보호할 수 없다. 이로 인해 무기는 인류의 전쟁과 함께 발전해 왔다. 상고 시대에 각국의 신전에 가장 많이 모셔진 삼존 三尊 신이 '무기의 신', '양식의 신', '권력의 신'인 것을 보아도 인류사에서 무기가 얼마나 중요한지를 알 수 있다.

더 많은 먹거리를 확보하기 위한 국가의 탄생

인류는 상대를 더 빨리 제압하기 위해 전략과 전술을 연구하고 전투 무기를 개량했다. 또한 말, 청동기, 불 등이 전쟁에 사용되기 시작하며 전쟁의 규모와 사망자 수는 지속적으로 증가했다. 말을 타고 무기로 무장한 기마전은 맨주먹으로 싸우던 육탄전에 비해 수십 배 더 많은 사망자를 내게 되었다.

공수 쌍방의 지속된 경쟁으로 인류는 더 많은 동맹을 맺어 보다 큰 부족을 형성하기 위해 노력했다. 느슨한 부족 관리 체제로는 대규모 공격을 감행하거나 방어하기에 역부족이었다.

결속을 도모할 수 있는 탄탄한 조직관리 체계가 필요해지자 드디어 '국가'라는 개념이 생기기 시작했다. 이는 부족보다 더 큰 조직이라 인력의 구성과 자원 활용의 효율성이 비교할 수 없을 정도로 높았기에 대규모의 약탈과 방어에 적합했다.

초기의 연맹은 다수의 소국으로 이루어졌다. 그러나 각기 자국의 이익만을 위해 움직였기 때문에 일사불란한 지휘체계를 구축하기가 어려웠다. 특히 이러한 체계는 전쟁을 수행하는 데 큰 걸림돌이 되었다. 한 예로 중국의 주周나라 후기의 역사를 보면 알 수 있다.

주나라는 70여 개의 제후국이 연합한 국가 형태로 왕의 제후국에 대한 통제력이 매우 약했다. 주나라 왕을 도와 싸울지 말지는 오로지 제후의 선택에 달려있었다. 점점 세력을 키운 제후국들은 심지어 주나라와 맞서기 시작했고, 결국 작은 제후국에서 성장한 춘추오패春秋五霸, 전국칠웅战国七雄 등이 주나라를 와해했다.

유럽도 마찬가지다. 귀족들은 왕에게 충성을 맹세하고, 기사들은 그 귀족에게 충성을 맹세한다. 전쟁이 나면 왕은 귀족에게 참전을 요구하지만, 귀족들은 상황을 봐서 참전 여부를 결정한다. 귀족은 참전을 결정하면 기사를 징집하고, 기사는 자신의 영향력을 기반으로 인근 농민을 징집한다. 그러나 기사가 징집한 농민들은 대부분 전투 훈련을 받은 적이 없던 사람들이다. 그들은 그저 집 안에 있는 농기구 중 그나마 무기로 쓰일 만한 것들이나 말린 곡식, 냄비, 그릇, 대야를 들고 전투에 참여해야 했다. 그나마도 농한기에나 가능했다. 가을이 되면 전쟁이 아직 끝나지 않았는데도 농부들은 농작물을 수확하러 돌아가야 했다. 전쟁 중임에도 하룻밤 새 부대원 전체가 모두 밀을 수확하기 위해 시골로 돌아가는 경우도 허다했다.

이런 초기 국가 형태는 소규모 전투만 수행할 수 있을 뿐 대규모 전쟁을 치를 수는 없었다. 더 많은 영토를 정복하려는 야망이 있다면 국가를 중앙집권적으로 전환해야 했다.

중국은 세계에서 가장 먼저 중앙집권적 국가를 수립한 나라다. 봉건제의 제후국에서 군주제의 왕국에 이르자 국가의 규모는 더 커지고 힘도 더 강해졌다. 기원전 221년, 진시황은 중앙집권제를 완성하며 진 왕조를 황제가 지배하는 하나의 제국으로 만들었다. 더 이상 보아오던 일반적인 국가 형태가 아닌 넓은 영토와 막강한 힘을 가진 패권국이 등장한 것이다. 진나라가 세워지고 200년이 지난 후, 유럽에도 로마 제국이 등장했다.

600만 년 전, 인간은 동물과 구별되는 직립보행을 선택했다. 100만 년 전, 인류는 더 많은 식량을 얻기 위해 길을 나섰고, 지구 전체로 이동을 선택했다. 그리고 55만 년 전, 인류는 다시 불의 사용을 위해 화덕을 거주지 안으로 들여오는 선택을 했다. 이후 언어와 문자를 창조함으로써 다시 한번 인류의 진화 과정을 이끈 최초의 기술 혁명을 이룩했으며, 9,000년 전, 수렵과 채집의 불확실성이 높은 식량 조달 방식을 보완하기 위해 인류는 정착을 선택했다. 한곳에서 동물을 길들이고 식물을 경작하여 유목 생활에서 농경 사회로 진입해 제1차 경제혁명을 이뤄낸 것이다. 그 후 인류는 사유재산제를 선택하고 '재산권'이라는 개념을 만들며 전쟁을 일으켰다. 전쟁에서 승리하기 위해 국가를 선택하고, 중앙집권적 제국을 수립하여 오늘날의 세계를 형성했다.

간단히 말해서, '먹보 인류'는 먹기 위해 전쟁을 일으켰고, 그 전쟁은 국가를 탄생시켰다. 이 모든 것이 오로지 '식욕'에 의해 벌어진 일이다.

꼬리를 무는 역사

생존과 발전은 인류가 풀어야 할 영원한 숙제이며, 선택은 인류가 영원히 안고 갈 문제다. 인간의 모든 선택은 음식과 밀접한 관련이 있다. 모든 선택은 일부의 성취로 또는 일부의 도태로 종결된다. 이러한 인류의 선택이 중첩되며 오늘날의 세상이 만들어졌다.

인류가 내린 모든 선택의 기저에는 일종의 논리적 사고가 깔려 있다. 스스로 소유했으나 그 존재를 인식하지 못한 채 여전히 인간의 선택에 직접적 영향을 미치는 사고방식, 그것은 바로 '경제적 사고'다.

제2장
수요와 공급의 힘

"'수요와 공급', 이 두 단어만 배우면 앵무새조차도
'훈련받은 경제학자' 행세를 할 수 있다."

**미국의 경제학자,
폴 앤서니 새뮤얼슨(Paul Anthony Samuelson)**

향신료의 출현

생강을 발견한
동양 의학의 창시자 신농씨(神農氏)

이 이야기는 아주 오래전에 살았던 한 미식가에게서 시작한다.

그의 이름은 신농, 다들 신농씨神農氏[8]라 불렀다. 그는 5천 년 전 중국에서

태어난 사람으로, '백 가지 약초를 맛보아 인류를 구했다'라고 알려진

중국 상고 신화 속 인물이다. 만약 그를 '중국 최초의 미식가'이자,

'중국 미식의 세계를 연 창시자'라고 부른다 해도 그 누구도 토를 달지

못할 것이다. 무엇이든 가리지 않고 먹는 것을 좋아하는 사람은 세상을 보는

안목이 넓다. 특유의 개방성과 포용성을 소유하여 생각이 트여있고,

보통 사람들보다 고차원적이며 신선한 시각으로 세상을 바라본다.

상고 시대 사람들은 야생 과일을 채집하고 동물을 사냥하여 생계를 유지했다. 당시 사람들은 어떤 식물을 먹어도 되고 또 절대 먹어서는 안 되는지, 어떤 것을 만져도 되는지 아는 바가 전혀 없었다. 먹고 마실 때마다 마치 복불복 게임의 블라인드 박스를 여는 것과 같이 생사는 운에 달려있었다.

식물을 먹고 중독되는 것 또한 무작위 게임과 같다. 아침까지 멀쩡하

---

8   **신농씨(기원전 2737~기원전 2698년경)** 중국의 삼황오제(三皇五帝) 중 하나로 흔히 '염제 신농씨'라 불린다. 신농씨는 한족에게 농사짓는 법을 전수하였는데 마차와 쟁기를 만들고, 소와 말을 길들이고 불을 써 토지를 깨끗하게 하는 법을 가르친 것으로 알려져 있다. 또한 독을 다루는 데 능하였으며, 최초의 한의학 서적으로 알려진 『신농본초경』을 저술하여 오늘날 한의학의 창시자로 추대를 받는다. 산시성의 강수(姜水) 인근 출신이기 때문에 성은 강(姜)이며, 강씨(姜氏)의 시조와 더불어 중화민족의 조상으로 숭배되고 있으나, 실존 인물인지 허구의 신화 속 인물인지에 대한 의견이 분분하다.

다가도 점심에 버섯 하나를 잘못 섭취하면 가볍게는 구토를 하고 설사하는 수준에서 멈추겠지만, 심한 경우 입에 거품을 물고 세상에 이별을 고하기도 했다.

신농씨는 이와 같은 모습에 측은지심을 느끼고는 본인이 자처하여 천하의 모든 풀을 맛보고 기록을 남겨 후대의 사람들이 더 이상 중독으로 인해 고통받는 일은 없게 하겠노라고 결심했다. 수많은 시도 끝에 그는 마침내 인류가 먹을 수 있는 5가지 기본 주식인 '쌀, 기장, 벼, 밀, 콩'을 찾아내는 데 성공했다.

당연히 이 과정은 만만치 않았다. 온갖 독초에 의해 신농씨의 몸은 만신창이가 되었다. 때로는 멈추지 않는 폭풍 구토에 시달리다 그 자리에서 기절하기도 하고, 때로는 피를 토하며 목숨이 위태로운 상황이 벌어지기도 하였다. 그러나 신농씨는 어떤 고난이든 전화위복이 될 수 있다고 굳게 믿으며 이에 굴하지 않고 대자연에 맞서 꿋꿋이 싸웠다.

그는 이 지난한 과정을 통해 자연에는 자연계를 지배하고 있는 매우 교묘한 원리와 법칙이 있다는 것을 깨달았다.

'한 가지 식물이 독을 품고 있다면, 그 독을 제거하는 다른 식물 역시 그 근처에서 찾을 수 있다'는 것이다. 자연계에서는 언제나 하나를 제압할 수 있는 또 다른 하나가 반드시 존재하며, 상생과 상극을 통해 살아남는 생존의 법칙이 세상을 존속시킨다는 사실에 탄복했다. 해독제만 있으면 안심할 수 있음에 자신만만해진 신농씨는 점차 시식 범위를 넓혀갔다.

얼마 지나지 않아 신농씨는 거대한 버섯을 먹고 중독되었다. 버섯 독이 일으키는 환각은 그를 혼란스럽게 했다. 마치 자신이 하늘을 날 것 같은 충동마저 생겼고, 점차 의식이 흐릿해졌다. 하지만 그는 가까스로 정신을 차린 뒤 다짜고짜 근처에 있던 뾰족한 잎을 가진 식물의 줄기를 꺾어 재빨리 씹어 삼켰다. 구사일생으로 해독에 성공해 화를 면한 신농씨는 이 식물이 생명을 구해 준 것에 감사하며 기사회생의 뜻을 담아 날 생生자와 자신의 성씨 강姜을 붙여서 '생강'이라는 온기 가득한 이름을 선사했다.

약초, 독초를 가리지 않고 온갖 풀을 시식하던 '먹보 인류' 신농씨였지만 매번 이렇게 운이 좋을 수는 없었다. 결국 안타깝게도 장을 끊어지게 만든다는 맹독성 단장초斷腸草에 의해 쓰러져 다시는 일어나지 못했다. 그는 후세에 『신농본초경神农本草經』이라는 중국 최초의 약물학 전문 서적을 남겼다. 이 책은 신농씨가 최초 집필한 것으로 전해지며 대대로 이어져 동한东汉 시대에 책으로 집대성되었다.

위대한 신농씨의 후예들은 그의 '먹보 정신'을 계승하여 눈에 보이는 새로운 식물들을 마주할 때마다 시식을 계속해서 시도했다. 그들은 이렇게 맛을 본 수만, 수천 종의 식물 각각의 효능과 특성을 자세히 기록했다. 이로써 인류는 중독의 고통에서 벗어날 수 있게 되었을 뿐만 아니라 식물이 서로 상생하고 상극하는 원리를 깨쳐 동양 의학의 개념을 발전시킬 수 있었다.

때로는 정성을 다해 심은 식물은 꽃이 피지 않고, 무심히 꽂아 놓은 버드나무가 무성하게 자라 녹음을 드리우는 것처럼 동양의 전통 의학도 역시 의도와는 달리 인류가 먹거리를 찾는 과정에서 우연히 형성되었다. 이처럼 우연한 계기에서 비롯되었으나, 신농씨와 같은 수많은 사람의 실천과 탐구 정신으로 그 기초를 다지고 대대로 전해 내려왔기에 지금의 동양 의학이 찬란하게 꽃을 피울 수 있는 것이다.

몇 년이 흐른 뒤, 일찍이 신농씨의 생명을 구해 주었던 생강은 다른 사람에 의해 또 다른 용도로 쓰이게 되었다. 생강은 해독의 효능이 있을 뿐만 아니라 향이 강하고 감칠맛이 있어 고기의 풍미를 끌어올릴 수 있다. 생강의 해독 효능과 더불어 고유의 강렬한 향미가 점차 식탁 위의 핵심적인 조미료의 역할을 한 것이다.

꼬리를 무는 역사

신농씨가 생강을 처음 발견한 '미식의 시조始祖'라고 한다면 공자는 '미식의 계승자'라 할 수 있다. 공자는 끼니마다 곁들여야 할 음식으로 반드시 생강이 있어야 한다고 주장할 정도로 생강에 대한 애정이 각별했다.

수천 년 동안 생강은 세계인의 식탁에 오른 핵심 향신료다. 특히 회향, 정향, 계피, 팔각, 감초, 귤피 등 다양한 향신료와 배합하면 복잡하고도 독특한 맛을 형성하여 사람들의 미뢰를 다차원적으로 자극할 수 있다.

'향신료'는 인류의 먹거리를 향한 모험의 여정에서 우연히 등장하여 점차 거대한 경제 산업의 핵심이 되었다.

샤퀴테리(Charcuterie)

유럽 미식가의 애환이 빚어낸 향신료 무역

향신료는 영어로 'Spice'인데 이는 '약품'이라는 뜻의 라틴어 'species'에서 유래했다. 향신료의 다른 표현은 '양념'이다. 이는 먹었을 때 약처럼 몸에 이롭기를 기원하는 의미를 담은 글자 '약념藥念'에서 비롯되었다. 비싸지만 소량으로도 확실한 효과를 볼 수 있는 '약'이라는 단어를 써서 향신료를 표현한 것을 보면 당시 유럽인들 사이에서 향신료가 얼마나 귀중했는지를 짐작할 수 있다. '향신료'란 향긋하고 먹을 수 있는 식물의 열매, 뿌리, 줄기, 나무껍질로 이루어진 수많은 조미료의 총칭이다. 회향, 팔각, 계피, 후추, 정향 및 백두구 등을 '향신료'의 예로 들 수 있다.

오늘날에는 더없이 평범하고 저렴한 가격대의 향신료들이지만, 과거 유럽에서는 한때 귀족들의 사치품으로 각광받았다. 이 보잘것없어 보이는 말린 식물의 부산물들은 유럽 일대에 엄청난 파장을 일으켰다.

영국의 역사가 에드워드 기번Edward Gibbon이 쓴 역사책『로마 제국 쇠망사, The History of the Decline and Fall of the Roman Empire』에는 "후추는 로마의 최고급 요리에 반드시 들어가야 하는 원료"라고 쓰여 있다. 즉, 당시의 후추는 오늘날의 소금이나 간장처럼 주방 요리의 필수품이면서 부유한 귀족들이나 소비할 수 있는 사치품이었다.

현존하는 가장 오래된 고대 로마의 요리책인『데 레 코퀴나리아, De Re Coquinaria』에는 500가지 이상의 조리법이 기록되어 있는데, 수록된 거의 모든 조리법에는 빠짐없이 "후추를 약간 넣어라"라는 말이 언급되어 있다. 그만큼 당시 후추의 위상은 소금과 맞먹는 수준이었다.

요리를 해 본 사람은 알겠지만, 음식에 후추만 조금 넣어도 확실히 더 풍미가 살고 향미가 증진된다는 것을 느낄 수 있다. 하지만 그렇다고 '유럽인들이 후추에 열광할 정도는 아니지 않은가?' 이런 의심이 들 것이다. 이는 당시 그들의 비참한 생활 환경을 모르기 때문이다. 만약 그들이 처한 환경을 면밀히 이해한다면 향신료에 대한 그들의 갈망에 동정 어린 시선을 보낼 수밖에 없다.

유럽 대륙의 대부분 지역은 겨울이 극도로 추워 가축을 먹일 수 있는 사료의 선택이 매우 제한적이었다. 한랭한 지역에서도 잘 자라는 '무'가 있었지만, 관상용 식물에 불과해 사람도 먹지 않고 가축도 먹이지 않았다. 유럽에서는 겨울에 소와 양을 비롯한 가축을 먹일 충분한 여물이 없어 겨울이 오기 전 가축 대부분을 도살해야만 했다. 따라서 긴 혹한기에 신선한 고기를 맛볼 수 있는 일은 거의 없었다.

중세 시대 유럽에서는 소나 양보다 생존력이 강한 돼지를 기르는 양돈업이 인기가 많았다. 돼지의 IQ는 80 정도(세 살 아이 수준)로 다른 동물에 비해 지능이 높은 편이며, 생존력이 강해 추운 겨울, 산에 방사하여도 인간의 보살핌 없이 스스로 먹이를 찾아 생존할 수 있다. 이런 이유로 유럽인들은 겨울이 되면 돼지를 산에 풀어놓고 봄이 오길 기다렸는데, 풀어 놓은 돼지를 다시 만날 때는 이미 몰라볼 정도로 통통하게 살이 쪄있는 경우가 많았다.

유럽에서는 추수의 끝과 겨울의 시작을 기념하기 위해 매년 11월 11일 '성 마르틴의 날St. Martin's Day'에 마치 의식처럼 기르던 가축을 도축했다. 성 마르틴의 날 이후 총 40일 동안 제례적 금식 기간을 가졌는데 이 기간에 사람들은 몸과 마음을 깨끗이 하고 부정不淨한 일을 멀리했다. 40일의 재계齋戒가 끝나면 사람들은 다 같이 먹고 마시는 카니발 축제를 열어 배불리 음식을 먹을 수 있었다.

이 같은 연례행사 때문에 11월 11일에 도축된 가축은 최소 40일이 지난 후에야 식탁에 오를 수 있었다. 이 기간에 도축된 고기의 육질이 상하지 않도록 과량의 소금을 사용하여 절이는 식문화가 있었는데 이런 음식을 '샤퀴테리Charcuterie 9'라고 부른다.

샤퀴테리를 만들 때는 고기가 수분을 잃지 않으면서도 미생물이 번식하지 않도록 적정량의 소금을 넣어야 한다. 소금을 너무 많이 넣으면 육질이 질겨지고 짜서 먹기 어렵다. 간신히 삼킨다 해도 견딜 수 없는 갈증으로 물을 많이 마셔야만 한다.

"당신은 내가 이 짜디짠 고기들에 얼마나 물렸을지
　상상도 못 할 것이다. 소금에 절인 생선, 소금에 절인 고기 외에는
　아무것도 먹을 것이 없어서 신선한 고기가 얼마나 그리울지
　짐작도 못 할 것이다."

9　**샤퀴테리** 염장·훈연·건조 등 유럽 방식의 저장육 문화의 처리 과정을 거친 육가공품을 통틀어 이르는 말이다. 소시지나 햄, 베이컨, 살라미, 프로슈토, 하몽 등 역시 샤퀴테리 범주에 속한다. 샤퀴테리의 어원은 프랑스어 살코기(chair), 가공된(cuit) 두 가지 단어가 합쳐져 나온 말이다.

15세기의 한 불쌍한 학자가 문헌에 남긴 샤퀴테리에 관한 기록이다.

40일간의 고달픈 금식 기간이 끝나면 이들을 기다리는 건 이 짜디짠 샤퀴테리뿐이다. 채소를 먹으려면 6개월 뒤 찾아오는 여름을 기다려야 한다. 얼마나 안타까운 현실인가!

겨울이 지나가도 사정은 바로 나아지지 않는다. 유럽인들이 넘어야 하는 춘궁기春窮期는 겨울 못지않게 힘들기 때문이다. 여름 채소는 아직 싹도 트지 않았고, 오늘날에는 흔하디흔한 토마토, 감자, 호박, 옥수수와 같은 채소는 아직 유럽에 이르지 못한 채 멀리 떨어진 아메리카에서 소심하게 자라고 있을 뿐이다. 그러니 봄이 와도 먹을 수 있는 것은 여전히 샤퀴테리뿐이다.

하지만 우리 '먹보 인류'가 가만히 앉아서 그 고통을 견디고만 있겠는가? 유럽의 '먹보 인류'는 겨울과 봄에 더 맛있는 삶을 살기 위해 머리를 굴렸다. 신선한 고기가 없다면 샤퀴테리를 더 맛있게 만들면 그만인 것이다.

공작 가문의 한 요리사는 우연히 샤퀴테리에 향신료를 첨가하며 의도치 않게 인류 케이터링 역사에 변화를 일으켰다.

"더 이상 이렇게 먹고는 못 살겠다. 맨날 먹는 이 짠 고기 말고
 맛있는 것 좀 해 줄 수 있겠나?"
"공작님, 제가 최근에 만든 비책이 하나 있습니다."
"어서 말해 보게."

"소금에 절인 고기에 후추를 조금 넣어 구우니
  풍미가 훨씬 좋아졌습니다."
"후추? 그게 무엇인가?"
"후추는 동양에 전해진 신비한 향신료입니다."
"그럼 많이 넣어 보게."
"하지만 그것은 매우 비쌉니다."
"내가 돈이 부족한 사람인가? 다 넣어주게나. 술에도 넣고,
  수프에도 넣고, 먹고 마시는 모든 음식에 다 넣으란 말일세!"
"알겠습니다."

짠 소금에 절인 육포가 중세 시대의 사람들에게 악몽과 같은 존재였다면, 향신료는 밤하늘에 빛나는 별처럼 단꿈을 꾸게 도와주는 동시에 캄캄한 유럽 미식 세계의 앞날을 밝게 비추는 한 줄기 빛과 같았다. 대자연이 선물해 준 향신료는 유럽인들의 혀끝을 자극해 거대한 향신료 시장을 개척하도록 부추겼다.

16세기 포르투갈의 식물학자 가르시아 드 오르타Garcia de Orta는 생강에 대해 다음과 같이 말했다.

"소금에 절인 생선만 먹던 시절에 생강은 우리에게
  무궁무진한 맛의 신세계를 열어주었다."

향신료가 주방에 들어간 후 요리사들은 모든 요리에 향신료를 적용

하기 위해 제각기 조리법을 개발하고 솜씨를 발휘하기 위해 최선을 다했다.

처음에는 소금에 절인 말린 고기에 향신료를 첨가하여 향을 돋우는 정도였으나, 차츰 신선한 고기와 채소 샐러드 등의 요리에도 응용하여 향신료를 사용하기 시작했다. 결국 그들은 후추, 계피, 회향 및 기타 향신료를 첨가한 요리가 이전의 요리에 비해 훨씬 풍미와 향미가 증진된다고 느꼈다. 이에 사람들의 향신료 사용 범위는 거의 변태적 수준에 이르렀다. 하늘을 나는 것이나 땅 위를 걷는 것, 물속을 헤엄치는 것 등등 어떤 먹거리든 가리지 않고 모두 향신료와 함께 조리했다. 어떤 요리도 향신료가 빠지고서는 완성되었다고 말하지 못하는 수준에 이르렀다.

당시 유럽 미식가들 사이에서 유행하던 메뉴를 보면 실로 놀라움을 넘어 경이롭기까지 하다. 소, 닭에서 시작해서 백조, 거위, 꿩, 메추리, 자고새, 도요새, 화미조, 참새까지 식용으로 쓰였던 재료의 범위에 놀라지 않을 수가 없다.

모든 음식에 향신료를 넣어 본 유럽의 미식가들은 술의 세계를 주목하기 시작했다. 그들 중 누군가가 와인과 맥주에 향신료를 첨가한 후로 향신료를 더한 술은 유럽에서 선풍적인 인기를 끌었다. 4세기 중반, 로마의 작가 팔라디우스Rutilius Taurus Aemilianus Palladius[10]는 당시 술집에

---

10 루틸리우스 토러스 아이밀리아누스 팔라디우스(4세기 후반~5세기 전반) 고대 로마 작가로 라틴어로 글을 썼으며, 주로 농업 문학에 관한 책을 저술하였다. 대표작으로『Opus armurae』가 있다.

서 술에 계피, 생강, 후추를 넣는 것이 유행했었다고 문헌으로 남긴 바 있다.

로마의 정치인들은 와인에 꿀과 후추를 넣은 '콘디톤Latin conditon'을 마셨다. 6세기 그레고리우스 투로넨시스Gregorius Turonensis[11]가 집필한 『프랑크인의 역사』를 보면 프랑크인(게르만족 혈통)이 식사 후 동료에게 콘디톤 한 잔을 권하고 그 자리에서 칼을 뽑아 피가 튀는 결투를 벌이는 장면을 볼 수 있다.

콘디톤을 만드는 법은 매우 간단하다. 먼저 향신료 중 취향에 맞는 것을 몇 가지 골라 혼합하고 가루로 만든 다음 와인, 맥주 등에 첨가하고 며칠 숙성시키면 바로 마실 수 있다. 맛이 너무 강렬하다고 느껴지면, 꿀을 조금 넣어 단맛을 첨가해 맛을 순화할 수도 있다.

필자는 일찍이 유럽 중세의 양조법을 재연하여 콘디톤을 만든 적이 있다. 후추, 계피, 팔각, 산초 등을 모두 으깨어 와인병에 담고 밀봉한 후 며칠 동안 부푼 마음으로 기다린 뒤 향을 피운 욕조에 몸을 담근 채 고급 와인 잔에 개봉한 콘디톤을 따라 마시며 중세 귀족의 삶을 경험해 보고자 했다. 그런데 콘디톤을 한 모금 마셨을 때 그때의 기분은 무어라 말로 형용하기 어려울 정도로 복잡미묘했다. 무아지경에 이르는 황

---

11   **그레고리우스 투로넨시스(538~594)** 로마의 역사가, 성직자이자 아우스트라시아의 투르 주교였다. 저작은 후대의 연대기 작가에 의해 붙여진 『프랑크인의 역사, Historia Francorum』의 이름으로 알려진 『역사십권, Decem Libri Historiarum』이 대표작으로 이는 메로베우스 왕조 시기 갈리아의 생활과 신앙의 귀중한 사료로 평가된다.

홀한 맛이 아니라 너무 맛이 없어 당최 목으로 넘어가지 않았다. 평정심을 찾은 뒤 중세 유럽인들이 왜 그렇게 열광했는지 곰곰이 생각해 보기 시작했다. 이유는 단 하나, 분명히 당시 향신료를 넣지 않은 술이 이보다 더 맛이 없었기 때문이리라. 그렇지 않으면 이 괴상한 맛을 즐기려는 바보 같은 사람은 없었을 것이다.

사실이 그렇다. 중세의 술은 우리의 상상보다 훨씬 맛이 없었다. 당시의 문헌을 찾아보면 와인의 맛에 대해 '맛이 없고, 떫고, 숨조차 막히는 맛'으로 기록되어 있다. 특히 영국 왕실의 술은 맛이 없기로 유명한데, 한 프랑스인은 영국 왕실의 술에 대해 이렇게 평가했다.

"영국 왕실의 술은 곰팡내가 나는 신맛의 물감과도 같다.
 그래서 영국의 귀족들은 술을 마실 때 눈을 감고 꽉 다문
 이 사이로 빨아 먹는다. 마시고 나면 온몸을 떨며
 독약을 마신 것처럼 괴로운 표정을 지었다."

한 시인은 자신이 1년 동안 저장한 와인에 대해 아래와 같은 혹평을 남겼다.

"목으로 넘어갈 때 가시에 찔리는 듯하고 칼날에 베이는 것과 같다.
 바늘이 찌르는 것 같기도 했는데 와인을 마시고 나서
 낮부터 밤까지 소변을 100번은 봐야 해서 하마터면

이 세상과 작별할 뻔했다."

중세 시대 와인은 이처럼 맛이 형편없었다. 냉장 보관 기술이 없었고 밀봉 기술 또한 좋지 않았다. 시간이 지나면 와인이 산화되고 변질돼서 신맛과 쓴맛이 나며 곰팡내와 담배 냄새를 풍겼다.

이런 이유로 향신료의 장점이 두드러지기 시작했다. 향신료는 와인의 신맛과 떫은맛을 현저하게 감소할 뿐만 아니라 상한 와인의 부패한 냄새와 담배 냄새를 줄일 수 있었다. 향신료를 첨가한 콘디톤을 마셔본 사람들은 마침내 상한 와인의 악몽에서 벗어나게 된다. 요즘 사람들의 입맛에 콘디톤은 굉장히 맛이 없지만, 그래도 상한 술보다는 훨씬 맛있다고 느낄 것이다. 행복은 일반적으로 비교우위에서 느껴지는 것 아니겠는가?

> **꼬리를 무는 역사**
>
> 향신료는 적시에 유럽인을 식음료의 악몽에서 구해냈다. 더 나은 삶을 추구하려는 수많은 미식가의 욕구를 일깨우며 머잖아 맛을 탐닉하며 끊임없이 부를 과시하려는 욕망의 물결이 전 유럽을 휩쓸게 하였다.

향신료 시장의 서막

'먹보 인류'의 무서운 식욕

인간의 욕망은 끝이 없다. 명나라의 주재육朱載堉[12]은 '산비탈에 양이
열 마리 있어도 여전히 부족하네山坡羊·十不足'라는 고전 원곡元曲[13]을 지어
부귀와 공명을 끝없이 추구하는 인간의 욕망을 매우 생동감 있게 묘사한 바 있다.

매일 굶주림 때문에 바삐 뛰어다니다 배가 채워지면

행색이 초라하다는 생각이 들고,

비단옷을 걸치고 고개를 들면 또 낮은 집이 눈에 거슬리네.

고래 등 같은 가옥을 지어 올리니,

머리맡 아내의 미모가 성에 차질 않고,

아름다운 처와 첩을 모두 얻으니,

외출할 때 탈 말이 없을까 걱정이구나.

12   **주재육(1536~1611)** 명나라의 율학자(율성이라 함), 역학자, 음악가이다. 자는 백근
(白勤), 호는 구곡산인(曲山人), 구봉산인(九峰山人)이라고도 한다. 명 태조의 9대손이자 명나
라 정번의 5대 세자로 고습을 타파하며 실천과 실험에 중점을 두고 평생을 바쳤기에 중국
과 외국의 학자들은 그를 '동양의 르네상스적 성인'으로 추앙했으며, '세계 역사문화 명인'
으로 손꼽힌다.

13   **원곡** 송대의 사(詞)를 이어 발달한 시가로서 음악에 맞추어 작사되어 연회장에서
악기의 반주와 함께 불렸다. 잡극(雜劇)과 유사하며, 산곡(散曲)이라고도 부른다. 형식, 내
용, 음악에 있어 새로운 요소들을 풍부히 갖추고 있어서 잡극과 더불어 원대 문학을 대표
하는 양식으로 원, 명대에 성행하였다. 대사나 동작 없이 노래만 한다는 점에서 극곡(劇曲)
과 다르다.

돈이 많아 명마를 사들여도 앞뒤에 거느릴 이가 적을까 염려되고,

십여 명의 사람을 부려도 권세가 부족하다 느끼네.

지방 현관에 오르나 여전히 그 세력이 약할까 조바심 나고,

중앙 관리가 되어 조정에 나아가니 아직 올라갈 길이 멀게만

느껴지는구나.

천하를 차지하고 나니, 신선과 장기를 두고 싶고,

신선과 마주 앉아 바둑을 두니, 또 어딘가 하늘에 이를

사다리가 있을 것 같아지네.

사다리를 놓기 전에 염라대왕이 부르며 저승길을 재촉하나니,

만약 저승의 부름에 멈추지 않았다면, 사람은 하늘에 올라서도

아직 낮다고 여길걸세.

　　주재육의 이 원곡이 탄생한 지 300여 년이 흐른 뒤, 미국의 유명한
사회심리학자 매슬로Abraham Harold Maslow는 유명한 '인간 욕구 5단계
이론'을 정리했다. 매슬로[14]의 인간 욕구 5단계 이론의 핵심은 다음과

14　　**매슬로(1908~1970)** 미국의 철학자이자 심리학자이다. 1943년에 인간의 욕구를 위
계로 구분한 '인간 욕구 5단계 이론'을 주장하였다. 그가 주장한 욕구 5단계에서 '자아실현'
을 최상위 5단계에 있는 가장 중요한 가치로 정의함으로써, 자아실현의 개념이 널리 알려
지게 되었다. 인간의 자아실현, 동기, 창조성 등 인본주의 심리학 분야에서 많은 업적을 쌓
았다.

같다.

인간의 행동은 각자의 필요와 욕구에 바탕을 둔 동기로 유발된다. 이러한 인간의 욕구는 매우 복잡하고 심오해서 계층별 차이, 즉 '위계'가 있다. 그것은 총 다섯 개의 단계로 이루어져 있는데, 하위 단계의 욕구가 어느 정도 충족되면 자연스럽게 상위 단계의 욕구가 지배적인 욕구로 자리매김하게 된다. 다시 말해 하위 단계의 욕구가 충족될수록 점차 상위 단계의 욕구 충족을 위해 나아간다는 뜻이다.

매슬로가 피라미드와 같이 5단계로 구분한 인간 욕구 중 가장 낮은 1단계는 '생존 욕구'다. 그다음 2단계는 '안전에 대한 욕구', 3단계는 '사회적 욕구', 4단계는 '존중받고자 하는 욕구', 최상위 5단계는 '자아실현의 욕구'다.

매슬로는 사람은 낮은 수준의 욕구를 충족하고 나면 자연스럽게 높은 수준의 욕구를 향해 나아간다는 것을 발견했다. 예를 들어, 사람의 가장 원초적인 욕구, 아사餓死나 동사凍死의 위협에서 벗어나고자 하는 '생존의 욕구Physiological Needs'가 충족되면, 신체적 그리고 정서적으로 안전을 추구하는 '안전의 욕구Safety Needs'가 생긴다. 안전한 위치를 확보하고 나면, 사람은 자연스럽게 어떤 단체에 소속되어 소속감을 느끼고, 주위 사람들에게 사랑받고 있음을 느끼고자 하는 '소속감과 애정의 욕구Belongingness and Love Needs'를 충족하고자 한다. 그래서 사람은 타인과의 관계를 맺으려 노력한다. 좋은 친구가 생겨 사회적 욕구가 충족되면 자동으로 다음 단계인 타인에게 인정받고자 하는 '존중의 욕구Esteem Needs'가 생긴다. 집단 내에서 타인으로부터 받는 존중의 욕구마저 실현되면 결국 인간은 다섯 번째 수준의 욕구를 추구하게 된다.

인간의 욕구 단계 중 마지막 단계이자 최상위 단계가 '자아실현의 욕구Self-Actualization Needs'이다. 자기만족을 느끼는 자아실현에는 여러 가지 형태가 있는데, 예를 들어 공익 활동에 참여하는 것 또는 다른 사람이 곤경에서 벗어나도록 돕는 것 등이 여기에 해당한다.

물론 일부 사람들은 에베레스트 등반, 사막 도보 횡단 등 고통스러운 인간의 한계에 도전하며 자아실현을 성취한다. 어찌 보면 자신을 학대하는 것 같기도 하지만, 어쨌든 남들이 흔히 원하는 일이 아닌 자신이 하고 싶은 일을 이루어내서 성취해야 자기만족을 느끼는 것이다.

매슬로의 욕구 이론은 심리학에 처음 적용되었고, 이후 경제학 분야에서 널리 사용되었다. 경제학자들은 인간 욕구의 이론을 잘 적용하면 경제 흐름을 판단하고 소비자 수요를 꿰뚫어 볼 수 있고, 이를 바탕으로 정확한 예측을 통해 투자에 성공할 수 있다는 것을 깨달았다.

원시 사회에서 근대에 이르기까지 수백만 년의 시간이 흐르는 동안 인류는 끊임없는 발전을 이룩하였다. 그럼에도 불구하고 인류의 생활 수준은 그저 근근이 살아남아야 하는 생존의 문제를 해결하는 데 급급한 수준에서 벗어나지 못했다. 즉, 수백만 년 동안 인류는 매슬로의 욕구 단계의 최하층에 머무른 것이다.

지금으로부터 채 백 년이 안 되는 현대에 이르러서야 인류는 생존의 딜레마를 극복하고 배고픔의 문제에서 해방되었다. 특히 유럽에서는 생존과 의식주 문제가 해결되며 그동안 잊고 있었던 미식에 대한 욕망이 꿈틀거리기 시작했고, 다양하고 더 맛있는 먹거리를 찾는 수요가 폭발적으로 증가했다.

유럽의 부유한 사람들은 동양에서 직조된 비단으로 옷을 만들어 입는 것을 좋아했고, 특히 다채로운 동양의 음식에 더 많은 관심을 두기 시작했다. 그들은 더 이상 밀랍처럼 뻣뻣하고 맛없는 음식을 먹고 싶지 않았다. 더 많은 부를 축적하고 난 뒤에는 동양에서 물 건너온 향신료가 음식을 화려하게 변화시키는 맛에 매료되어 본격적으로 향신료를 탐닉하기 시작했다.

그 결과 향신료를 핵심으로 하는 거센 물결이 유럽 미식의 세계를 잠식했다. 유럽에서 향신료가 사용되는 범위는 계속 확장되어 샤퀴테리의 강한 소금 맛을 순화시키는 용도에서 점차 다양한 요리에 조미료로 응용되며 진화해 갔다. 한때 유럽 전체에서 향신료를 빼놓고는 이야기가 안 될 정도로 최고의 인기를 구가하며 시장에서 가장 극진한 대접을 받는 인기 품목이 되었다.

부자들은 요리에 소량의 향신료를 첨가하는 것보다는 이를 이용하여 자신의 특별함을 드러내는 것을 선호하는 경향이 있었다. 그래서 유럽의 부유한 귀족들은 향신료를 가루로 만들어 '향신료 100%로 만든 요리'를 고안해 냈다. 곱게 간 향신료를 사용하여 과자와 디저트를 만들었는데, 시나몬 진저 케이크Cinnamon Ginger Cake, 시나몬 쿠키Cinnamon Cookie, 진저롤Ginger Roll, 세이버리 스타 브레드Savory Star Bread, 펜넬 미트 파이Pennel Meat Pie 등이 있었다. 당시 가장 유행했던 음식은 진저브레드Ginger Bread였는데, 이는 생강을 가루로 만들어 구운 것이다.

부자들의 삶은 이처럼 생각한 대로 실행에 옮길 수 있다. 그들이 향신료 100%의 간식을 먹은 뒤 거리를 걸으면 멀리서도 그들에게서 뿜어져 나오는 향을 맡을 수 있을 정도였다.

향신료의 이런 매력에 유럽의 많은 미식가가 빠져들었다.

그러나 당시 유럽과 동양의 향신료 무역 항로는 아직 개척되지 않았다. 따라서 유럽에서 향신료는 왕실, 귀족, 부자만이 즐길 수 있는 매우 비싸고 진귀한 물건이었고, 유럽 부자들의 경쟁적인 사치품으로 등극했다.

유럽 최고의 사치품이 된 후추

경제학에서는 '시장이 수요를 결정하고 수요가 가격을 결정한다'고 말한다. 먹고자 하는 의지가 충만한 미식가들의 수요에 자극받아 향신료의 몸값은 금·은과 거의 동일한 수준에 이르렀다. 유럽 레스토랑 요리사들은 향신료를 듬뿍 담은 수저를 냄비에 넣고, 우아한 귀족들은 향신료를 넣어 신맛을 완화한 와인을 마시려고 했다. 남들과는 다른 자신의 고귀함을 드러내고 싶어 하는 열망은 향신료 시장의 수요 증가로 이어졌다. 공급을 훨씬 웃도는 수요로 인한 향신료 가격의 급등은 불을 보듯 뻔한 일이었다. 이것이 바로 경제학에서 말하는 '공급과 수요의 원리'다.

막대한 수익 창출은 향신료 상인들로 하여금 향신료 무역에 뛰어들도록 유혹했으며, 유럽의 향신료 시장은 전례 없는 번영의 시기를 누렸다. 유럽 식품 산업에서 향신료에 대한 수요가 엄청나게 증가한 덕분에 거대한 향신료 무역 시장이 형성되었다. 그뿐만 아니라 향신료 가격은 천정부지로 치솟았는데, 이는 유럽인들이 향신료 본연의 기능을 뛰어넘어 향신료에 끊임없이 의미를 부여한 결과, 품귀 현상이 나타난 탓이었다.

유럽 귀족들은 후추를 다른 향신료와 적절히 배합하여 장기간 복용하면 남녀 관계에서 놀라운 효과를 얻을 수 있다고 믿었다. 사치와 정신적 공허함으로 몸과 마음이 피폐해진 유럽 남성들에게 이것은 회춘의 영약이었다. 향신료는 강력한 심리적 위안을 제공하며 점점 더 많은 사람을 자신의 추종자로 사로잡았다.

당시 전염병이 창궐한 유럽에서는 많은 사람이 후추에 전염병을 예방하는 신기한 효능이 있다고 믿었다. 그래서 전염병을 예방하고 노화를 지연시키기 위해 향신료가 든 향료 상자를 몸에 지니고 다니는 것이 유행했다.

이러한 말도 안 되는 혹세무민惑世誣民의 이상한 소문은 후추와 같은 향신료에 대한 유럽 수요를 더욱 자극했다. 수요 증가로 가격은 더욱 상승했고, 죽음을 두려워하는 부자들은 맹목적으로 향신료를 비축하기 시작했다. 설상가상으로 물건은 비쌀수록 소비자의 부와 지위를 과시할 수 있다. 이것이 사치품과 희소품이 소유자에게 가져다주는 정신적 기쁨이며, 수백 년 동안 변하지 않은 사치품의 오랜 논리이기도 하다.

그때나 지금이나 유럽에는 패션, 명품, 희소성을 추구하는 현상이 늘 있었다. 아무리 경제가 어려워도 어딘가에는 희소하고 비싼 제품을 찾는 이가 늘 존재했다.

다만, 사치품에 관한 대상 품목은 시기별로 다르다. 어떤 시대에는 금, 은, 다이아몬드가 사치품이었고, 어떤 시대에는 실크로 만들어진 제품이 사치품이었으며, 어떤 때는 한 송이 튤립이 사치품의 등극에 올랐다.

지역에 따라서도 다른데 그 예가 사막에서 사치품은 물이고, 감옥에서는 담배가 사치품이고, 달에서는 공기가 사치품이다. 어디서든 수요가 넘쳐서 희소성이 있는 물건은 사치품이 될 수 있다.

후추와 같은 향신료는 동양으로부터 장거리 운송을 통해 유럽으로 운반되어 오기 때문에 유럽 귀족들이 앞다퉈 구매하는 고급 품목이 되었으며, 당시 가격은 최고가에 달했다. 1248년 영국의 육두구('넛맥'이라고도 불리며, 고기 요리나 수프, 빵 등 다양한 요리에 향신료로 사용) 1파운드는 4실링 7펜스였는데, 이 돈은 당시 양 3마리를 살 수 있는 돈이었다. 아무리 부유하다고 해도 육두구는 매우 벅찬 소비재였다.

요즘 우리가 '강남 집값'이라는 표현을 사용하는 것처럼 중세 유럽 사람들은 종종 '후추만큼 비싸다'를 인용하여 특정 상품의 가격이 고가

임을 빗대어 설명했다. 또 영국에서는 "그는 후추가 없다"라는 표현을 사용하여 어떤 사람이 재산도, 지위도, 사귈 가치도 없음을 빗대기도 했다.

유럽의 이와 같은 향신료의 열풍은 '미식 트렌드'였기도 하지만, 이와 더불어 복잡한 사회적, 역사적 배경도 가지고 있다. 중세 말기에 유럽인들의 사상은 현실과 환상, 금욕과 방종의 미혹에 빠져 있었다. 사람들은 이를 방출할 출구가 필요했고, 향신료는 이에 물꼬를 터준 셈이다. 장거리 무역을 통해 동양으로부터 수입된 제품은 유럽 사회에 다양한 정신적 의미를 부여해 주었다. 유럽인에게 '향신료'란 종교, 사회, 인간성, 심지어 세계를 향한 견해를 잘 반영하는 투영체였다.

꼬리를 무는 역사

향신료는 음식의 풍미와 향미를 증진할 뿐만 아니라 자신의 정체성을 드러낼 수 있는 매개체였다. 희소성 탓에 식품 조미료에 불과했던 향신료는 점차 사치품으로 전환되기 시작했으며, 높은 가격은 향신료에 또 다른 의미를 부여해 인위적으로 경제적 가치가 재형성되기 시작했다.

아랍인들의 향신료 독점

유럽과 이슬람의 무역 전쟁

어떤 제품에 대한 수요가 있다는 전제 아래에서는 제품의 수량이 부족할수록 가치가 상승한다. 이것이 경제학의 '희소성 이론'이다. 희소성 이론은 물건이 희소할수록 가치가 커진다는 것을 의미한다. 예를 들어 공기는 어디에나 있어서 한 푼의 가치도 없는 반면, 다이아몬드 매장량은 제한적이어서 채굴된 다이아몬드 가격은 매우 비싸게 형성되어 있다. 만약에 희소성이 높은 제품을 어떤 사람이 독점하면 절대적인 폭리를 취할 수 있는데 그렇게 향신료 시장을 독점한 주인공이 바로 이슬람인이다.

향신료는 신비로운 동양에서 많이 생산된다. 후추를 많이 재배하는 인도는 유럽과 망망대해를 사이에 두고 있다. 이곳을 찾으려면 돛을 올리고 험난한 바닷길을 헤쳐가야 한다. 겁 없이 바다로 뛰어드는 사람만이 폭리를 취할 수 있는 승리자가 되는 것이다. 자, 이제 전 세계는 자신의 능력을 시험할 때가 되었다.

승자는 가장 먼저 인도에 도착한 이슬람인이었다. 당시 이슬람인들의 조선 기술과 항해술은 세계 최고 수준이었다. 다른 나라 사람들은 이슬람인들이 타고 다니는 배의 후미를 바라보며 한숨을 내쉴 수밖에 없었다.

현대의 우리 눈에 이슬람인들은 사막을 유유자적하며 인생을 즐길 것만 같아 보인다. 그러나 중세 시대의 이슬람인들은 자타공인 용맹한 바다의 왕자였다. 이슬람인들은 매우 진보한 기술로 대형 범선 '다우

dhow 혹은 dhau'를 발명했다. 당시 이 건조 기술은 매우 획기적이었다고 평가받았다. 기존의 범선은 바람을 타야만 항해할 수 있었지만, 삼각돛을 가진 이 범선은 바람을 거슬러서도 항해할 수 있었기 때문이다. 또 풍향 조절과 선회도 쉬워, 그 시절 '절대 불가능할 것 같은 항해'도 가능하게 했다.

이슬람인들은 범선 건조 기술 외에도 세계적인 항법 기술을 가지고 있었다. 지금은 위성 기술의 지원으로 항법을 손바닥 뒤집듯 쉽게 탐색할 수 있지만, 당시에는 망망대해에서 하늘의 달과 별에 의존하여 항로를 정할 수밖에 없었다.

이슬람인들은 북극성이 북반구에서 관찰하면 움직이지 않는 유일한 별자리라는 것을 발견했고, 이에 따라 북극성을 전체 항법 기술의 중심 별자리로 지정한 뒤 항해에 많은 도움을 받았다. 이후 이슬람인들은 이 북극성 외에도 항행 위치를 찾기 위해 별자리 연구에 총력을 기울였다.

이슬람인들은 인도양의 계절풍 법칙도 발견했다. 그들은 수년간의 관측 끝에 매년 10월부터 12월까지 인도양의 바닷바람이 북동쪽에서 남서쪽으로, 이듬해 3월부터 6월까지는 반대로 남서쪽에서 북동쪽으로 부는 것을 알아냈다. 이 정보를 통해 시간만 잘 맞추면 순풍에 돛을 달고 항해할 수 있었다.

그렇게 천혜의 지리적 위치와 선진적인 선박 건조술, 독자적인 항해술, 그리고 정부와 이슬람교의 강력한 무역업 지원으로 이슬람 상인들은 인도양 전체의 해상 무역을 빠르게 독점하게 되었다.

장사치들은 이리저리 옮겨 다니는 운명을 지녔다. 이슬람인들은 중국의 비단, 도자기, 찻잎을 남유럽, 아프리카로 운송하여 판매하고, 인도의 천, 보석, 향신료, 진주를 유럽으로 운송하여 판매했다. 그들은 아프리카의 금, 뿔, 상아, 다이아몬드 등을 이슬람 국가로 운송하여 정밀 가공한 다음 다시 유럽, 중국 또는 동남아시아에 판매해 큰돈을 벌어들였다. 순식간에 이슬람인은 상업과 항해에 있어서 둘째가라면 서러운 챔피언의 자리에 우뚝 서게 되었다. 그들은 세계 해상 무역의 우위를 장악하고, 중국, 인도, 동남아시아, 유럽, 아프리카 및 기타 지역의 무역을 확고히 통제했다.

이슬람 상인들은 돈벌이에 대한 강력한 욕구를 충실히 따르기 위해 항해사가 도달할 수 있는 모든 지역을 휘젓고 다녔다. 그들은 향신료의 원산지를 탐험하고, 각지를 깊숙이 파고들어 가장 멀리 필리핀 마닐라 일대에 도착했다. 심지어 중국 푸젠福建 연해까지 항로를 개발해 당시 취안저우泉州를 중국의 중심도시로 만들기도 했고, 그들 중 상당수가 귀국을 포기하고 아예 중국에 정착하기도 했다.

특히 송나라 시절 포용력 있는 조정에서는 이슬람인들에게 거주지를 따로 마련해 주었고, 그들의 언어로 학교를 설립할 수 있게 해 주었다. 이 이슬람인들은 점차 중국인과 융합하여 오늘날 중국 회족回族의 선조 중 하나가 되었다.

향신료를 발견한 후 이슬람 상단은 먼 길을 마다하지 않고 밤낮으로 달렸다. 승승장구하는 이 상단은 유럽과 향신료 생산지 사이를 활발히

오갔다. 그들은 여러 곳에서 향신료를 구매했는데, 인도에서는 후추를 사고, 스리랑카에서 계피를 구매했다. 또한 동인도 제도에서 육두구와 정향을 산 뒤 첨단 물류 시스템을 통해 유럽에 판매하여 높은 이익을 얻었다.

이슬람인들이 향신료를 독점하던 시대, 유럽인들은 울며 겨자 먹기로 고가의 비용을 지불해야만 했다. 유럽의 항해 기술은 상인들의 해양 무역을 지원할 수 없었고, 그들은 이슬람 향신료 상인들의 중고 유통업체가 되어야 했다. 이렇듯 향신료는 중세 유럽 귀족에게 중독성 깊은 마약과도 같은 존재가 되었다.

꼬리를 무는 역사

무역 통제권의 배후에는 한 국가의 종합적인 국력이 뒷받침하고 있다. 당시 이슬람인들의 기술 및 군사 분야는 전례 없이 강력하여 세계 무역을 통제할 수 있었기에 수익성이 가장 높은 향신료 무역을 자연스럽게 독점한 것이다. 이러한 봉쇄와 독점은 또한 유럽인이 포위를 뚫는 원동력이 되었다.

정보의 비대칭

오스카 주연상에 빛날 이슬람인의 사기극

─────

이슬람인들은 지역 봉쇄정책으로 유럽인들이 향신료의 원산지를 찾기 위해 동쪽으로 이동하는 것을 철저히 막았다. 유럽인들은 이에 굴하지 않고, 이슬람인들의 봉쇄에서 벗어나기 위해 발버둥을 쳤고, 이슬람인들은 유럽인들의 오리엔탈리즘을 향한 염원과 정복욕을 억누르기 위해 집단으로 거짓말을 지어내기 시작했다. 이슬람인들 모두가 오스카 주연상에 빛날 만큼의 폭풍 연기력을 선보이며 희대의 사기극을 연출한 것이다.

─────

상품의 가격 차이는 대부분 '정보의 비대칭'에서 비롯된다. '정보의 비대칭'은 하나의 경제 논리이다. 상거래에서 거래 당사자의 정보가 동일하지 않을 때 즉, 누군가 다른 사람이 모르는 정보를 알고 있으면, 그는 많은 돈을 벌 수 있는 다양한 기회를 얻게 된다.

예를 들어, A는 특별히 맛있는 쌀이 있는 지역을 알고 있고, 쌀을 재배하는 현지 농민들과 돈독한 관계를 맺어 구매 가격을 500g에 만 원으로 협상했다. 그런 다음 그는 서울에 양곡 상회를 열어 이 쌀을 500g에 삼만 원에 판매한다. 임대료 등 기타 고정비용을 제외하고도 A는 500g당 만 원을 벌 수 있었다. 이 거리의 다른 양곡 상회들도 이 쌀을 들여오고 싶어 했지만, 그들은 공급원을 찾을 수 없었다.

그동안 많은 학자가 정보의 비대칭성을 연구했고, 그 공로로 노벨경제학상을 수상하기도 했다. 1996년 제임스 멀리스James A. Mirrlees와 윌리엄 스펜서 비크리William Spencer Vickrey가, 2001년 조지 애커로프

George A. Akerlof, 마이클 스펜스Michael Spence, 조셉 스티글리츠Joseph E. Stiglitz가 정보경제학을 연구한 공로로 노벨 경제학상을 받았다.

이슬람 상인들도 향신료 시대에 정보 비대칭의 권위자라 할 수 있다. 유럽 향신료 중간 도매상은 어디에서 향신료를 구매하는지, 구매 가격이 얼마인지 알 수 없었기에 이슬람 상인들은 마음대로 가격을 정할 권리가 있었다.

이슬람 상인들 입장에서는 '항해'라는 막대한 대가를 치르고 향신료 공급원을 찾았기 때문에 당연히 누구에게도 쉽게 알리지 않았다. 향신료 공급원을 장기간 독점하기 위해서는 공급원의 비밀을 엄격히 준수해야 한다는 암묵적 합의가 있었던 것이다.

그들은 비밀을 지키는 것만으로는 부족하다고 여겨 공급원을 찾으려는 사람들을 오리무중에 빠뜨리기로 했다. 공급원에 대한 거짓말과 전설을 지어내기 시작한 것이다. 가상의 공급원 지명을 그럴듯하게 지어내 많은 유럽 상인을 속여댔다. 순진한 그들은 이슬람 상인들이 멋대로 지어낸 지명과 경로에 따라 향신료를 찾으러 무작정 배를 몰고 바다로 나갔고, 결국 길을 나선 대부분이 그렇게 망망대해에서 사라졌다.

여전히 무언가 불안하다고 생각한 이슬람 상인들은 계속해서 더 많은 시나리오를 꾸며내어 향신료의 공급원을 찾으려는 유럽 상인들을 두려움에 빠뜨리려 했다. 바로 이런 식으로 말이다.

"지난번 얘기했던 후추 공급원 좀 알려주시면 안 될까요?"

"공급원이요?"

"네, 어디서 가져오는지 장소를 말씀해 주시면 후히
  사례하겠습니다."

"도와주지 않는 게 아니라, 알려주지 않는 편이 오히려 도와주는
  것입니다. 그곳은 가지 말라고 충고하고 싶어요. 너무 위험합니다."

"위험하다니요?"

"후추는 신비한 동양에서 자라는 식물입니다. 그곳에는 독사와
  무시무시한 괴물이 살고 있어요. 목숨을 걸고 들어가야 해요.
  그렇게 돈을 벌면 무슨 소용입니까? 어차피 살아나오지도
  못할 텐데. 우리 일행 중 대부분이 현지에서 죽었어요.
  대부분 독사에게 물렸지요."

"그럼, 계피는요? 계피는 어느 지역에서 자라나요?"

"우리 이슬람 지역에서 자랍니다. 하지만 계피는 더 어려워요.
  산꼭대기에는 사람이 올라갈 수 없으니, 새를 시켜 물어오라고
  해야 합니다. 새랑 말이 통하나요? 새와 말이 통하지 않으면
  가져올 방법이 없지요."

"아, 그럼 저는 안 되겠네요."

   사실 계피의 원산지는 이슬람이 아니라 스리랑카이다. 하지만 이슬
람 상인들은 매일 이렇게 과장된 거짓으로 거래처를 묻는 유럽인들을
응대했다. 당시 유럽은 외진 곳에 있었고, 사람들의 식견은 넓지 못했
다. 이슬람 상인들은 몇 마디 말로 그들을 속여 공급원을 찾으려는 욕

망을 포기하게 할 수 있었다. 유럽인들은 향신료가 신비한 동양에서 왔다는 것만 알고 있으며 '동양'의 개념도 매우 모호했다. 마르코 폴로 이전에는 동남아시아와 일본의 존재는 물론 중국에 대해서도 거의 알지 못했다.

유럽 상인들은 이슬람인으로부터 향신료를 비싸게 구매한 다음, 향신료에 관련된 이상한 이야기를 과대 포장하여 유럽 귀족들에게 더 높은 가격으로 판매하는 향신료 중간 도매업자로 탈바꿈했다. 그러나 중간 유통을 하는 이들 상인에게도 향신료를 유럽으로 운송하려면 여전히 많은 어려움이 있었다. 이들은 먼저 지중해 항구도시에서 물건을 들여오고 난 뒤 이탈리아로 운송하여 그곳에서 다시 옮겨 실은 다음 판매채널을 통해 유럽의 다른 지역으로 판매해야 했다.

이처럼 동양의 소매상에서 저렴하게 팔리던 향신료는 8,000km가 넘는 장거리 운송을 거쳐 유럽으로 보내졌다. 이슬람 상인들은 구매 가격의 수십 배에 달하는 높은 가격으로 유럽 상인들에게 판매했으며, 향신료가 소비자에게 도착할 즈음에는 가격이 수백, 수천 배로 상승했다. 예를 들어 후추 가격은 수백 배 올랐고, 희귀한 정향 가격은 거의 천 배 가까이 상승하며 귀족 가문의 사치품으로 변모했다.

인도는 향신료의 최대 생산지다. 하늘은 향신료 자원을 인도에 선물하여 인도를 향신료 무역의 최전선에 올려놓았다. 상황이 이러하면 인도가 향신료 무역으로 콧대 높은 최상의 자리에 이를 것으로 보이지만, 사물은 늘 양면성을 띤다. 인도의 풍족한 향신료는 수많은 난폭한 침략자를 인도로 불러들였고, 결국 인도인들은 심각한 고통을 겪게 되었다. 식민지 개척자들은 인도인뿐만 아니라 동남아시아의 거의 모든 후추 노동자를 노예로 만들어 지역의 노동력을 착취했다.

막대한 이익은 종종 잠재적인 위험을 내포하고 있다. 이는 동전의 양면과도 같다. 수요의 급격한 상승은 거대한 비즈니스 기회를 낳지만, 그곳에는 엄청난 위험이 도사리고 있었다. 향신료는 유럽의 미식가들을 매료시켜 거대한 수요가 창출되었지만, 향신료 거래의 막대한 이익을 추구하기 위한 광적인 집착은 더 많은 향신료를 찾으려는 정신 나간 미식가들이 전 세계를 침략하게 만들었다.

이로 인해 이슬람 상인들의 독점은 무너지기 시작했다. 결국 네덜란드, 영국 두 동인도 회사의 강력한 세력이 향신료의 섬에 동시에 등장함으로써 이곳의 평화를 무참히 짓밟았다. 불타오르는 성문으로 강제 개방된 주민들의 고통은 이루 말할 수 없었다. 두 나라의 동인도 회사가 설립되기 전, 바스쿠 다 가마와 마젤란, 콜럼버스는 이미 길을 떠나고 있었다. 그들의 눈앞에는 신비로운 동쪽의 빛나는 미지의 바다가 서서히 펼쳐지고 있었다.

꼬리를 무는 역사

미식에 대한 탐닉과 폭리를 취하기 위한 탐욕스러운 항해는 세상을 변화시키기 위한 복선을 깔았다. 그들이 의도한 건 아니지만, 유럽의 미식가들이 맛을 찾는 과정은 자연스레 '대항해시대'의 막을 열게 되었다. 그 이후로 세계의 구조는 재편되고, 수많은 국가는 풍전등화와 같은 운명을 맞게 되었다.

제3장

High risk
High return

"큰상을 내걸면 반드시
그 일을 하려는 용감한 사람이 나타난다."

원(元) 나라 왕실보(王實甫)의
희곡 '서상기(西厢记)'

콜럼버스의 실수

수학적 실수로 바뀐 세상

―――――

13, 14세기에 세계에서 가장 영향력 있는 인플루언서를 손꼽으라고 한다면
주저 없이 이탈리아인 마르코 폴로를 언급할 것이다.
그는 중국, 인도를 여행하며 거대한 도시, 화려한 궁전, 황금, 은, 그리고
향신료 등등 보고 들은 모든 것을 여행기『동방견문록東方見聞錄』에 기록하며
이름을 널리 알렸다. 그러나 그의 저서는 당시 큰 인기를 끌지는 못했다,
대부분이 그가 정신병을 앓고 있는 허풍쟁이라고 생각했기 때문이다.
책에 적힌 경험은 그의 개인적인 상상의 발로일 뿐 사실이 아닐 것이라
생각한 것이다. 물론 이는 현재에도 진실 공방이 치열하고 의견이 분분하다.
많은 역사학자가 마르코 폴로는 실제 동양에 가본 적이 없으며, 그저 어디서
전해 들은 전설을 바탕으로 이 책을 썼다고 주장한다. 비록 설명과 묘사된 부분이
다소 과장된 것처럼 보이나, 그럼에도 불구하고『동방견문록』에 기록된 당시의
풍토나 생활상, 무역 모델 등은 여전히 참고할 만한 역사적 사료로 평가되고 있다.

―――――

　향신료의 시대가 도래했지만, 유럽 향신료 상인들은 이슬람 상인들
의 대사기극으로 인해 여전히 갈피를 못 잡고 있었다. 유럽 상인들이
향신료 원산지 찾기를 포기하려고 할 때쯤 누군가가 마르코 폴로가 쓴
『동방견문록』에 향신료 무역에 대한 설명이 많이 수록되어 있다는 것을
발견한다.『동방견문록』중 중국의 취안저우항에서 있던 일화를 그 예
로 들 수 있다. 책에는 이런 글이 적혀 있었다.

　"이 지역에서는 후추가 매우 많이 수출된다. 그러나 그중

110

알렉산드리아 항구로 운송되어 유럽 전역에 공급하는
후추의 양은 극히 일부에 지나지 않는다. 아마 이곳 수출량의
1%도 채 되지 않을 것이다. 세계 최대 항구 중 하나인
츠퉁항刺桐港(취안저우항의 고대 명칭)에는 세계 각국의 상인이
구름 떼처럼 모여들고, 이 항구를 통해 거래될 화물은
산더미처럼 쌓여 있다. 이런 광경은 아마 상상도 못 할 것이다.”

유럽 미식가들의 향신료에 대한 열망은 너무도 강렬했다. 사람들은
만나기만 하면 입을 모아 향신료 예찬론을 펼쳤고, 이로 인해 향신료를
독점한 이슬람 상인들은 막대한 이익을 독차지하고 있었다. 경제학에서
가격은 인간의 행동을 변화시킬 수 있다고 강조하듯, 중국 원나라의 희
곡작가 왕실보王實甫는 '서상기西廂记'에서 "큰상을 내걸면 반드시 그 일
을 하려는 용감한 사람이 나타난다."라고 한 바 있다. 큰돈을 벌 수 있다
면 목숨을 걸고 한 번쯤 도전할 사람이 분명히 있기 마련이라는 뜻이다.

절체절명의 위기에 처해있던 유럽 향신료 상인들은 상자 깊숙한 곳
에서『동방견문록』을 찾아 꺼내 들었다. 그들은 마치 어둠 속에서 금은
보화의 서광을 찾은 듯 책에 적힌 곳을 향해 움직이기 시작했다. 향신
료의 원산지를 찾는 사람은 하루아침에 벼락부자가 될 수 있다는 것을
모두가 알고 있기에 위험을 알면서도 기꺼이 스스로 판도라의 상자를
여는 것에 주저하지 않았다.

사람들은『동방견문록』에 묘사된 향신료가 가득한 동양 세계가 실제

로 존재한다고 믿고 싶었다. 그래서 호기로운 모험가들은 향신료를 찾기 위해 동쪽을 향해 모험의 길을 떠났다. 그러나 책 속의 세상과 사뭇 다른 현실에 그들은 좌절을 맛볼 수밖에 없었다. 당시 유럽에서 동쪽으로 가는 경로는 세 개뿐이었는데, 그 세 경로 모두 갖은 고난과 시련의 장애물로 가득 차 있었다.

첫 번째 경로는 육로로, 지금의 '실크로드'라 불리는 길이다. 콘스탄티노플Constantinople(현 이스탄불)에서 시작해 흑해, 카스피해를 거쳐 중앙아시아에 다다르면 또다시 파미르고원을 넘어야 간신히 중국에 도달할 수 있다.

두 번째는 지중해 동쪽 해안을 출발하여 유프라테스강과 티그리스강 유역을 거쳐 페르시아만에 이른 뒤 인도와 중국으로 향하는 해상 무역로다.

세 번째도 역시 바닷길인데, 이집트에서 출발하여 홍해, 아덴만을 거쳐 인도와 중국에 이르는 경로다.

공교롭게도 이 세 경로에는 모두 오스만 제국Ottoman Empire이 자리 잡고 있다. 당시 오스만 제국은 날로 융성하여 절정을 달리고 있던 터였다. 터키인들은 유럽, 아시아, 아프리카 3대륙에 걸쳐 있어 동양과 서양의 문명이 만나는 문화적 요충지에 거대한 오스만 제국을 건설했다. 그들은 이 동서 문명의 통로를 600년 이상 지켜오며 유럽인들이 동양으로 넘어가지 못하게 철저히 통제했다. 그 누구에게도 향신료 시장을 나누는 것을 허용치 않았기에 유럽인들은 오스만 제국의 지배권에서 벗어나 우회할 수 있는 또 다른 새로운 항로를 찾아야만 했다.

수학에 서툰 항해사의 실수

당시 유럽의 항해술이 상당히 낙후되어 있던 상황임에도 장밋빛 희망을 품은 수많은 유럽 모험가는 새로운 항로를 찾아 바다로 나섰다. 그러나 결국 대부분 거친 파도를 이기지 못하고 하얀 포말 속으로 사라져 아무런 희소식도 가지고 돌아올 수 없었다.

이때, 천방지축으로 날뛰며 천지 분간을 못 하는 덜렁이 항해사가 등장했다. 그는 바로 초등학교 시절부터 역사 시간에 줄곧 들어오던 인물, 크리스토퍼 콜럼버스Christopher Columbus다.

콜럼버스는 1451년 이탈리아 제노바에서 기독교 유대인의 후예로 태어났다. 어려서부터 바다를 좋아한 그의 꿈은 위대한 항해사가 되는 것이었다. 당시에는 이미 많은 사람이 지구는 둥글다는 것을 인식하고 있었고, 콜럼버스 역시 그중의 하나였다. 콜럼버스는 지구는 둥글기 때문에 오스만 제국을 거치지 않더라도 동양으로 가는 새로운 길을 찾을 수 있다고 굳게 믿었다. 그런데 과연 콜럼버스가 동쪽에 이르려면 구체적으로 어느 정도의 거리를 이동해야 하는 것일까? 일단 출발하면 다음 보급 지점은 전혀 예측할 수 없으므로 항해 기간에 사용할 물자를 충분히 준비하려면 꼼꼼한 계산이 필요했다.

콜럼버스는 먼저 인도와 중국이 얼마나 멀리 있는지를 계산해 보기로 했다. 비록 이 수치를 계산하는 것이 쉽지 않았지만, 다행히 좋은 수가 떠올랐다. 그는 대서양, 아프리카, 아이슬란드를 여러 번 오가며 측정한 결과, 배가 지구의 세로축 경도 1°를 넘을 때 실제 거리 약 56마일(약 90킬로미터)씩 이동한다는 것을 발견했다. 그래서 콜럼버스는 이 값에 360을 곱하면 지구 둘레가 약 2만 160마일(약 32,444킬로미터)이라고 계산했다. 그런 다음 콜럼버스는 이전의 테스트 데이터를 참고해 대서양을 횡단하는 데 약 3,000킬로미터만 이동하면 되고, 중국과 인도에 도달하려면 5,000킬로미터를 이동하면 된다는 답을 빠르게 얻었다.

겨우 5,000킬로미터만 이동하면 새로운 항로를 개척할 수 있다니! 콜럼버스는 자신이 천재라고 감탄해 마지않았다.

거리도 매우 가까울 뿐만 아니라 정확히 오스만 제국의 영향력에서 벗어난 지역으로 우회할 수 있었던 것이다. 이는 일확천금의 기회가 눈앞에 다가왔다는 의미였다. 그는 이미 온 천지에 향신료가 가득가득 쌓여 있는 전경이 보이고, 자루에 황금이 담기는 소리가 들리는 것 같았다.

그러나 실제는 이와 같지 않았다. 유럽의 서쪽 항로를 이용해서 출발하면 대서양, 아메리카 대륙, 태평양을 건너 일본에 도착해야 인도와 중국에 도달할 수 있다. 현대의 과학 기술로 이 노선의 정확한 거리를 측정해 보면 유럽에서 중국까지의 거리는 15,000킬로미터가 넘는다.

그런데 콜럼버스는 지구의 둘레를 계산할 때 치명적인 실수를 저질렀다. 그 실수는 바로 측량해야 하는 위치를 잘못 계산한 것이다. 그는 북극권에 가까운 지역이 아니라 적도 근처에서 테스트 항해를 했어야 했다. 동그란 공 모양인 구체의 꼭대기에서 경도 1°를 항해하는 것과 구체의 지름에 해당하는 중간 위치에서 경도 1°를 항해하는 것의 거리는 천지 차이이기 때문이다.

이해를 돕기 위해 지구를 수박에 비유해 보자. 공처럼 둥근 수박 한 통을 36조각으로 똑같이 나누어 자르면 각 수박 조각은 경도 10°에 해당한다. 이 수박 조각을 자세히 관찰하면 수박 조각의 양쪽 끝은 좁고 가운데 부분은 넓다. 즉, 수박 전체의 정확한 둘레를 계산하기 위해서는 가운데 가장 넓은 부분을 측정해야 하는데 콜럼버스는 수박 조각 중 가장 좁은 양쪽 끝부분에서 테스트 항해를 했다. 설상가상으로 그는 과거 데이터를 참고할 때 이슬람인 항해사의 데이터를 사용했는데, 측정 단위가 다른 것을 고려하지 않고 계산하여 이슬람 단위에서 유럽 단위로 환산 시 다시 오류가 발생했다.

여러 번의 오류가 중복된 최종 계산 결과는 결국 터무니없이 틀려버렸다. 1만 5,000킬로미터의 거리가 겨우 5,000킬로미터로 산출되는 어처구니없는 실수를 범한 것이다.

원대한 바다를 항해할 때는 반드시 갖춰야 하는 필수품들이 있다. 원대한 꿈과 용기뿐만 아니라 선박, 선원, 물자, 식수가 필요하다. 이 모든 것을 준비하기 위해서는 막대한 자금 지원이 절실한데, 가난에 찌든 콜럼버스는 이를 돕기 위해 투자자를 찾아야 했다.

콜럼버스는 유럽의 왕과 귀족들의 지지를 얻기 위해 이곳저곳을 돌아다니며 투자자를 물색했다. 십수 년 동안 수많은 왕실과 명문 세가의 문을 두드리고 설득해 보았지만, 모두 헛수고였다. 다음은 콜럼버스가 영국 왕실을 방문했을 때의 일화를 각색한 것이다.

“제가 동쪽을 향해 항해하는 것을 좀 도와주시겠습니까?”

“돈은 문제가 아니오. 당신이 동방에 가서 무엇을 하느냐가
 중요하지.”

“인도 땅과 중국 땅을 찾아 향신료를 얻고, 도자기를 가져온다면
 만족하시지 않겠습니까?”

“그렇게 먼 거리를 가야 하는 일이라면 곤란하오!”

“전혀 멀지 않습니다. 서쪽에서 출발해서 대서양을 건너면
 대략 5,000킬로미터밖에 안 됩니다.”

“뭐? 이런, 멍청하기는! 사칙 연산은 제대로 할 줄이나 아는 것이오?”

“못 믿으시겠으면 제가 이 자리에서 바로 계산해 보이겠습니다.
 정말 가까운 곳에 있습니다!”

“여봐라! 이 사기꾼을 당장 물리거라!”

당시 사람들은 세계 지도를 갖고 있지 않았지만, 어렴풋이나마 영국인들은 이렇게 가까운 거리에 중국과 인도가 있지 않다는 것을 잘 알고 있었기 때문에 콜럼버스를 무참히 내쫓아 버렸다.

콜럼버스는 이탈리아, 포르투갈 등의 왕실을 차례로 찾아갔지만, 어느 나라도 그의 원양 항해에 선뜻 투자하려고 하지 않았다. 유일한 희

망은 프랑스 국왕이었는데 콜럼버스가 제시한 조건은 너무 과도했다.

"폐하, 향신료를 찾으려면 원양 항해에 나서야 합니다.

멀리 배를 타고 나가려면 무엇보다 돈과 선박이 필요합니다."

"그럼, 나는 무엇을 얻을 수 있는가?"

"향신료, 도자기 그리고 식민지도 얻으실 수 있습니다."

"좋소. 내 그리하리라."

"그런데 작은 청이 또 있습니다. 폐하께서 저에게 선단 지휘권을

갖는 제독 칭호를 주실 수 있으시겠습니까? 또 제가 성공한다면

10%의 전리품도 주셨으면 합니다. 거기에 제가 발견한

모든 식민지에서 정치와 군사를 관장할 수 있는 총독의 권한을

저에게 주겠다고 약속해 주셨으면 합니다. 이와 더불어

그 권한은 저의 후손에게도 보장하겠다고 약속해 주시겠습니까?"

"못생긴 얼굴만큼이나 욕심마저 참 추하군! 대대손손 호사를

누리고 싶은 것은 자네뿐만이 아니네!

보아라, 저자를 당장 끌어내라!"

항해에 대한 부푼 꿈을 안고 있던 콜럼버스는 영국, 프랑스, 이탈리아, 포르투갈 등 거의 모든 유럽 국가에서 내쳐지는 수모를 겪어야 했다. 낙담하던 중, 스페인의 새 여왕이 즉위했다는 소식을 들은 콜럼버스는 다시 발걸음을 스페인으로 옮겼다. 세간에 여왕은 빼어난 외모뿐만 아니라 대담한 결단력의 소유자라고 정평이 나 있으니, 어쩌면 여왕

의 지지를 얻을 수 있을지 모른다는 기대에 자신의 운명을 걸어보기로
한다.

꼬리를 무는 역사

콜럼버스의 좌절은 그의 위대한 꿈에서 비롯되었다. 황제의 예상을
뛰어넘는 명예와 실리에 대한 욕망 때문에 투자 유치에 실패한 것
이다. 황제의 눈에 보이는 모든 권력은 자신에게 귀속되어야 하며,
어떤 개인에게 권력을 나누어 준다는 것은 용납할 수 없는 일이다.
경제학은 미식에 대한 기하급수적인 수요의 증가 현상을 보고 우리
에게 말한다.

"High risk High return, 고수익은 사람을 위험천만한 모험에 뛰어
들게 유혹할 수 있다."

여왕의 장기판

용맹스러운 여왕의 대담한 선택

1486년의 스페인은 카스티야 국왕 이사벨Isabel과 아라곤의 왕위 계승자인
페르난도Fernando의 혼인으로 두 가톨릭 왕국이 통합되어
'가톨릭 공동왕Reyes Católicos'이라 불리던 부부 국왕이 집권하던 시대다.

이사벨은 세 살 때 국왕인 아버지가 사망하자 궁중 암투에서 밀려 이복 오빠인 엔리케 4세에 의해 서민으로 좌천되었다. 그 후 어머니와 함께 궁궐에서 쫓겨나 거리로 내몰리다 결국 시골로 피신하게 된다.

이후 이사벨은 일부 귀족들의 도움으로 왕궁으로 돌아왔으나 엔리케 4세는 그녀의 복귀를 두고 보지 않았다. 그는 이사벨이 훗날 왕위를 찬탈할 위험이 있다고 판단해, 그녀보다 스무 살이나 많은 포르투갈의 왕 아폰수 5세와 결혼시키려 했다. 하지만 이사벨은 고분고분 지시를 따르는 나약한 여자가 아니었다. 게다가 그녀는 마음에 둔 사람이 따로 있었다. 이사벨의 완강한 거절에 격분한 엔리케 4세는 그녀를 궁에 유폐시켰지만, 감시가 허술할 때를 틈타 바야돌리드로 도주했다. 귀족들의 보호를 받은 이사벨은 아라곤 왕국의 왕세자인 페르난도에게 청혼을 했고 둘은 공개적으로 결혼식을 올리게 된다.

엔리케는 통제 불가능한 여동생 이사벨의 행동에 분노했지만, 몸이 허약했던 탓에 곧 세상을 떠났고, 왕위는 이사벨에게 돌아갔다. 엔리케

의 수하들은 당연히 그녀가 왕위에 즉위하는 것을 쉽게 인정하지 않았지만, 아라곤 왕국의 왕세자인 든든한 남편이 강력한 군대를 동원해 반대 세력을 척결하고 정권을 안정시키는 데 도움을 주었다.

결국 이사벨은 자신을 카스티야 왕국의 이사벨 1세로, 남편 페르난도를 '공동 통치의 왕'으로 선언했다. 카스티야 왕국은 스페인 왕국의 전신으로, 점차 주변 소국들을 복속시키며 거대한 스페인 왕국이 형성되었다. 이로써 스페인은 '가톨릭 공동왕'이 통치하는 부부 국왕의 시대를 열었다.

얼마 후 아라곤 왕이 사망하자 이사벨의 남편 페르난도는 대군을 이끌고 아라곤으로 가서 왕위를 계승하게 되는데, 그 역시 부인 이사벨과 아라곤 왕국을 함께 다스리겠다고 선언한다.

부부는 마치 두 회사가 서로 지분을 주고받는 것처럼, 공동으로 두 나라를 통치하는 왕의 임무를 수행했다. 이후 스페인 왕국과 아라곤 왕국은 연합왕국 상태를 유지하며 각각의 의회, 정부, 법률, 군대, 세제, 화폐를 갖게 되었다. 그러나 두 나라는 모든 의사결정을 이사벨과 페르난도가 함께했기 때문에 사실상 한 나라에 가까웠다.

1486년 이사벨 1세가 스페인 왕국을 다스린 지 12년 만에 화려하고 웅장한 왕궁에서 서른 살이 훌쩍 넘은 콜럼버스를 맞이하게 된다.

줄곧 실패와 좌절을 맛본 콜럼버스는 세상 풍파를 겪고, 가족 부양의 짐을 짊어진 중년의 남자가 된 채 마지막 희망에 매달려 전설의 여왕에게 이렇게 요청한다. 물론 프랑스 국왕에게 내건 조건과 똑같다.

"여왕님, 저는 향신료를 찾으러 동방에 갈 계획입니다.
여왕님의 도움이 절실히 필요합니다."
"당신의 계획과 요구 사항을 한번 말해 보세요."
"저는 돈, 선박, 선원, 항해사, 그리고 선단 지휘권을 갖는
제독이라는 칭호를 원합니다. 그리고 제가 발견한 모든 식민지에
총독권을 부여받았으면 합니다. 그 권한은 제 후손에게 물려줄
수 있도록 보장해 주시고 또한 10%의 전리품을 하사해 주셨으면
합니다."
"다시 한번 생각해 보겠소."
"여왕 폐하, 이슬람인들이 향신료를 영원히 독점해도
괜찮으시겠습니까?"

여왕은 심기가 불편한 듯 미간을 찌푸리며 말했다.

"왕실 위원회가 당신의 계획을 고려하도록 할 테니
돌아가서 통지를 기다리세요."

콜럼버스는 희망을 품고 집으로 돌아갔다. 그 후 스페인 왕실에서 소
식이 전해져 온 건 무려 6년이 지나서였다. 이는 아마도 역사상 가장 긴
합격 통지가 아닐까. 보통 사람들은 아마 진작에 포기했을 것이다. 그
런데도 콜럼버스는 이 긴 시간을 묵묵히 기다렸다. 이사벨 여왕이 왜
그렇게 오래 고민해야 하는지 아무도 알 수 없었지만, 콜럼버스 역시 다

른 대안이 없었기 때문에 그렇게 긴 시간을 기다릴 수 있었을 것이다.

1492년 이사벨은 콜럼버스를 다시 만났다. 6년 동안 초조하게 결과를 기다리다 마흔 살이 다 된 콜럼버스를 본 이사벨은 측은지심이 들었다.

그녀는 일단 콜럼버스의 계획을 자세히 들어보기로 했다. 자금을 얼마나 쓰고, 인력을 몇 명이나 투입하는지, 미래의 식민지는 어떻게 처리할지 등등 많은 세부 사항을 일일이 확인했다.

1492년 4월 17일, 이사벨은 남편 페르난도와 귀족들의 반대에도 아랑곳하지 않고 콜럼버스와 그 이름도 유명한 '산타페 협약Santa Fe Capitulations'을 맺는다. 이로써 콜럼버스의 등용을 공식 선언하고, 콜럼버스는 항해 모험을 떠난다.

이 산타페 협약은 모두 7개의 주요 문서로 구성되어 있는데, 여기에는 합의 요건, 위임장, 외국 군주에게 보내는 신임장, 여권 등 4개의 문서가 포함되어 있다. 나머지 3개는 선단이 가는 도중에 쓸 수 있는 명령으로, 선단에 문제가 생겼을 때 다시 꺼내 쓸 수 있게 되어 있다.

꼬리를 무는 역사

눈앞의 이익과 미래의 이익, 현상태의 고수와 변화를 위한 도전이라는 두 가지 중대한 선택은 결정하기 어려운 문제다. 그러나 이사벨 여왕은 정책 결정자로서 비범한 지혜와 용기를 보여주었다. 슬기롭고 대담한 의사결정은 작게는 개인의 일생을, 크게는 나라의 국운을 바꿔놓는다. 이사벨이 가장 현명한 선택을 한 것은 분명하다. 풍운의 시대에서 이사벨은 침착하게 더 높은 안목으로 미래를 꿰뚫어 보며 자신을 반대하는 여론에 맞섰다. 세계의 패권이 결정되는 대국에서 과감히 신의 한 수를 놓으며 '팍스 히스파니카Pax Hispanica'의 기틀을 마련했다.

포위망을 뚫은 스페인

세계 최초의 패권국, 태양이 지지 않는 나라

———

고생 끝에 낙이 온다고 했던가? 콜럼버스는 돈이 있으면 참 편리하다는 것을 알게 된다. 스페인 여왕으로부터 전폭적인 투자를 받게 된 천방지축 항해사는 앞으로 펼쳐질 고생길보다 선박에 가득 찬 물품에 잔뜩 들떠 있었다.

———

　콜럼버스 탐험대는 첫 원양 항해에 약 200만 레알Real (스페인의 과거 화폐 단위)과 3척의 선박, 90여 명의 선원을 투입했다. 이 3척은 '산타 마리아'와 '핀타', '니냐'라는 이름의 선박이었으며, 약 60톤의 짐을 싣고 있었다. 콜럼버스는 자신의 뜻대로 제독이 되어 함대를 진두지휘하게 된다.

　이 배들은 모두 각종 화포, 탄약, 화살, 음식, 식수, 연료, 약품 등의 필수품을 갖추고 있으며, 선원들의 장거리 항해의 지루함을 달래기 위해 배의 바닥을 위스키로 가득 채웠다.

　탐험대에는 통역가, 의사, 지도 제작사 등 전문 기술자도 같이 승선하였는데, 승선자 중 특이한 이력을 자랑하는 이들도 있다. 그들은 교도소에서 특별히 차출된 사형수 3명으로, 가장 위험한 임무를 수행하고 살아서 돌아오면 영원히 자유를 얻을 수 있었다.

　물론 탐험대가 적재한 물건 중에는 인도·중국에 도착해 교역의 물꼬를 터줄 소품들도 있었다. 손거울, 칼, 반짇고리, 방울, 안경, 모피, 작은 집게 등 모두 유럽에서 생산된 소품들로 이를 향신료와 금으로 교환하기를 원했다.

인류의 가장 위대한 대항해 시대의 모험은 이렇게 시작되었다. 비록 그들은 자신들이 앞으로 얼마나 위대한 업적을 쌓게 될 것인지 그 당시에는 알지 못했지만 말이다.

그렇다면 자신이 가야 할 여정의 거리도 제대로 파악 못 할 정도로 수학에 서툰 콜럼버스를 거부한 다른 나라와 달리 왜 스페인 여왕은 그를 등용했을까?

이를 이해하기 위해서는 당시 스페인의 복잡한 국가 상황부터 파악해야 한다. 당시 스페인에는 콜럼버스의 항해 지원을 가능케 한 강력한 세 가지 원동력이 있었다.

첫 번째 원동력, 레콩키스타와 몽고 연합 결성 추진

서기 711년 북아프리카에서 몰려온 아랍인들은 포르투갈과 스페인이 있는 이베리아반도를 4년 만에 정복했다. 이로 인해 스페인 사람들은 이베리아반도의 한쪽 구석으로 밀려나 두려움에 떨며 살아야 했다.

이런 수모를 겪어왔으니, 이제는 반격해야만 했다. 오래전부터 투우사 정신으로 두려움 없이 살아온 스페인이 어떻게 쉽게 굴복할 수 있겠는가! 이때부터 스페인은 700여 년간 지속된 국토회복운동 Reconquista(레콩키스타)을 시작한다. 외견상으로는 영토분쟁이라기보다는 가톨릭과 아랍의 정면 대결, 즉 문명의 대충돌 같아 보였다.

스페인은 가톨릭 국가였고, 스페인 여왕 이사벨은 독실한 가톨릭 신자였다. 그녀는 가톨릭의 권위를 되살리겠다는 강력한 신념으로 아랍인들을 고향으로 내몰겠다고 다짐한다.

이사벨은 집권하자마자 아랍인들에 대한 군사 공격을 감행했고, 아랍과의 전쟁은 20년 가까이 이어졌다. 결국 이사벨은 스페인을 이 전쟁의 승리국으로 이끌었다.

1492년 이베리아반도에서 아랍 세력을 완전히 쫓아낸 이사벨은 이곳에 유럽 최초의 통일 중앙 집권 국가인 '스페인 왕국'을 세웠다. 스페인 영토가 통일되자 독실한 가톨릭 신자인 이사벨 여왕은 스페인의 종교 통합을 화두로 내걸고, 온 백성이 가톨릭을 신봉해야 한다고 요구한다. 그녀는 스페인 영토 내의 모든 유대인, 무슬림 등의 집단에 가톨릭 세례를 받아 가톨릭 신자가 되거나, 거부 시 추방한다는 명령을 내렸다. 스페인에서 살고 싶으면 가톨릭으로 개종하거나 원하지 않으면 스페인을 떠나야 했다. 이사벨 여왕은 스페인에 거주하는 무슬림을 추방할 뿐 아니라 주변 아랍 국가들도 없애버리고 싶었다. 아랍인들은 여전히 힘이 세고 위협적이었지만, 동방 몽골의 칸과 연합해 아랍권 국가의 측면을 공격한다면 불가능한 일도 아니었다. 이를 시도하기 위해 여왕은 콜럼버스를 다시 궁으로 불러들여 몽골의 칸에게 신임장을 전달하라는 항명을 내렸다. 이 신임장에는 아랍 국가들을 멸망시키기 위한 양국의 연합 사항이 적혀 있었다. 콜럼버스의 모험에는 향신료를 향한 미식가들의 수요 외에도 비밀스러운 외교적 사명이 숨어 있었던 것이다.

두 번째 원동력, 식민지 확장에 대한 열망

스페인은 자국의 영토가 너무 좁다고 생각하는 '소국 콤플렉스'가 있었다. 이로 인해 늘 영토 확장에 대한 갈증이 마음속에 자리 잡고 있었다.

스페인은 일찍이 포르투갈과 아프리카 식민지를 놓고 경쟁해 왔다. 땅이 비옥하고 광물이 풍부한 아프리카를 탐내지 않는 국가는 없을 것이다. 스페인과 포르투갈은 아프리카에서 용과 호랑이처럼 맞붙으며 한 치의 양보도 없이 날카로운 이빨로 서로를 물고 놓아주지 않았다. 쟁탈의 핵심은 풍요의 상징으로 여겨졌던 마카로네시아 4대 군도인 마데이라 제도, 카나리아 제도, 카보베르데 제도, 아조레스 제도였다.

스페인은 포르투갈과의 경쟁에서 오랫동안 열세에 놓여 있었고, 겨우 카나리아 제도만 차지했으며, 나머지 3개의 섬은 포르투갈이 점령했다.

이사벨 여왕이 집권했을 때 스페인의 국가 재정 상태는 말이 아니었다. 소유하고 있는 식민지도 별로 없었고, 사방은 적으로 둘러싸여 있었으며, 육로와 수로는 오스만 제국에 의해 봉쇄된 상태였다. 같은 이베리아반도에 있는 포르투갈 역시 호시탐탐 노리고 있어 강대국들이 스페인을 포위하는 형국이 되었다.

열세에 놓인 상황을 참기 힘든 여왕은 동방으로 진출해 더 많은 식민지를 개척하기를 간절히 바랐다. 하지만 동방에 가려면 아랍 국가들을 우회해야만 했고, 오스만 제국과 포르투갈의 C자형 포위망을 벗어나려면 반드시 새로운 항로를 개척해야만 했다.

세 번째 원동력, 향신료에 대한 열망

스페인은 아랍권 국가와의 오랜 전쟁으로 이미 경제적으로 극도로 피로한 상태였다. 레콩키스타의 성공으로 통일된 스페인 왕국은 나라 재정을 지탱하기 위해 강력한 무역이 절실했다. 쉽게 말해, 다른 무엇보다 돈 버는 일이 시급한 과제가 되었다.

이때 여왕에게 향신료만큼 막대한 이윤을 남길 수 있는 매력적인 대상은 없었다. 향신료 무역의 주도권을 잡기 위해서는 모든 위험을 무릅쓰고 바다로 나가야만 했다. 스페인 왕국의 재정을 되살리기 위해 여왕은 오스만 제국을 피해 포르투갈 세력을 우회하는 동방의 신항로를 개척하려 했고, 이를 통해 향신료와 보석, 황금을 손에 넣어 스페인 왕국의 재정을 다시 일으키고자 했다.

이 세 가지 원동력이 콜럼버스가 항해에 나설 수 있었던 이유다.

통일 스페인은 이제 이사벨 여왕이 모든 것을 독자적으로 결정할 수 있는 중앙집권적 군주제 국가가 되었다. 야심 찬 여왕과 길고 긴 항해를 꿈꾸는 몰락한 선장, 이 두 사람이 손을 맞잡고 마침내 1492년 인류사를 바꾸는 모험을 떠난다.

어딘가 엉성한 콜럼버스의 항해

이는 분명 고된 항해일 수밖에 없다. 비록 선원들 모두 베테랑이라고는 하나 그들의 경험은 인근 바다에서 항해하는 것에 그쳤고, 거센 풍랑과 파도를 맞닥뜨려야 하는 대양을 건너는 원양 항해는 대부분 처음이었다.

게다가 콜럼버스의 선단의 규모는 그렇게 크지 않았다. 콜럼버스가 탄 함선의 배수량은 120톤에 불과했고, 나머지 두 척 또한 90톤과 60톤급 선박에 못 미쳤다. 선박의 배수량 크기는 안정성을 결정하는 중요한 요소로, 배수량이 클수록 편안하고, 배수량이 작은 선박은 파도에 더 크게 요동치며 불안정한 항해를 시도해야 했다.

중국 랴오닝 항공모함은 만재 시 약 6만 톤, 미국의 제럴드 R. 포드급 항공모함Gerald R. Ford class aircraft carrier은 만재 시 11만 2천 톤에 달한다. 관광용 크루즈선은 20만 톤 이상이어야 항해의 쾌적성을 보장할 수 있어, 미국 로열캐러비언 크루즈선 '제네시스호'의 경우 22만 톤에 달한다. 이에 비해 배수량이 비교할 수 없을 만큼 적은 콜럼버스 함대는 항해의 안정성과 쾌적함과는 거리가 멀었다. 수백 명이 좁디좁은 선박에 옹기종기 모여 부대껴야 했고, 심한 멀미로 인해 구토와 설사를 반복해야만 했다.

대양 항해는 무미건조한 생활의 연속이다. 출발할 때는 언제나 영원히 식지 않을 것 같은 열정과 부푼 가슴을 안고 길을 나서지만, 똑같은 바다의 풍경과 쉬지 않고 달려드는 파도에 지치지 않을 장사는 없다.

두 달에 걸친 항해 끝에도 함대는 목적지인 인도에 이르기는커녕 육지의 그림자조차 찾지 못했다. 당초의 계산 착오로 식량과 보급품은 턱없이 부족했고, 무엇보다 식수 공급이 수요를 따라가지 못하자 망망대해에 죽음의 위협이 그림자처럼 드리워졌다. 선원들은 조바심을 내며 동요하기 시작했고, 3명의 선장마저 자신감을 잃고 콜럼버스를 찾아가 항해를 포기하고 즉시 귀항할 것을 요구했다.

"제독님, 벌써 두 달이 지났는데 인도는커녕 육지도 보지
 못했습니다. 선원들이 뭐라고 하는지 아십니까? 이 항해는
 죽음의 항해라고 합니다."
"바람이 계속 서쪽을 향해 불어옵니다. 우리는 스페인 본토에서
 점점 멀어지고 있는데 물자는 바닥을 드러내고 있습니다.
 아마도 돌아갈 수 있는 길은 없어 보입니다."
"선원들이 반란을 일으키려고 합니다. 신대륙에 도착하지도
 않았는데 우리는 배 위에서 꼼짝없이 목숨을 잃을 위기입니다."
"진정하게나. 어제 바다에서 바다제비 떼를 발견했네.
 바닷새가 출몰한다는 것은 육지가 근처에 있다는 뜻일세."
"시간이 없습니다. 선원들이 동요하고 있습니다."
"반란을 일으켜봤자 무의미하다는 것을 동요하는 선원들에게
 알리게. 설령 나를 죽인다고 해도 무엇을 얻을 수 있단 말인가?
 자, 이렇게 하도록 하지. 딱 사흘의 시간만 더 주게나.
 그래도 육지에 도착하지 못하면 바로 회항하겠네."

선원들은 격론 끝에 콜럼버스의 말이 일리가 있다고 판단했다. 그들은 일단 업무에 복귀해 사흘을 기다린 뒤 결정을 내리기로 했고, 콜럼버

스는 이렇게 곧 일어날 폭동을 진정시켰다.

역사는 종종 도박성이 강한 자들에 의해 창조된다.

콜럼버스가 약속한 사흘째인 1492년 10월 11일, 탐사선 중 한 척인 '니냐호'가 바다에서 나뭇가지를 발견했다. 선원들이 나뭇가지를 건져 올려보니 놀랍게도 그 가지는 아직 성성하고, 그 위에 작은 꽃송이마저 달려있었다. 모두들 그 의미를 즉시 깨달았다. 이는 분명 육지가 근처에 있다는 확실한 증거였다.

그날 오후, 그들은 바다에서 넝쿨, 나뭇가지, 이끼 등 육지에서만 볼 수 있는 것들을 계속해서 건져 올렸다. 심지어 사람이 가공한 흔적이 뚜렷한 나무판자까지 건져내며 육지가 멀지 않았다는 것을 재확인할 수 있었다. 이러한 육지 물건의 발견은 선원 모두를 극도로 흥분시켰다. 모두 앞다투어 감시정찰의 임무를 맡겠다고 나섰다. 이전에 아무도 하려고 하지 않던 이 고된 일이 순식간에 가장 인기 있는 일이 되어 버렸다. 그 이유는 스페인 여왕이 내건 엄청난 보상 때문이었다.

"육지를 처음 발견한 사람에게 거액의 포상금과 함께
 연봉 1만 레알을 하사하겠다!"

이는 너무나도 파격적인 제안이었다. 콜럼버스 함대 전체가 이번 탐험을 위해 투자받은 돈은 총 200만 레알에 불과했다. 당시 근로자 연봉이 3,000레알인 것을 생각하면 이 보상은 의심할 여지 없이 누구에게나 강력한 유혹이 될 수밖에 없었다.

1492년 10월 11일 밤, 콜럼버스의 선단은 마침내 육지를 발견하게 된다. 그곳은 추후 역사에 기록될 중앙아메리카 카리브 지역의 바하마 제도였다. 이날 밤은 서양 사학자들에 의해 '인류사의 운명에 관한 가장 중요한 밤'이라고 불린다.

콜럼버스는 이 제도를 '구세주'라는 뜻의 '산살바도르San Salvador'라고 명명했다. 이 섬은 단순히 콜럼버스의 선단만 구한 것뿐 아니라 이제 막 통일된 스페인도 다시 일으키는 계기가 되었다. 그러나 동시에, 구원받은 그들이 도착한 이후 이곳 원주민들은 큰 고통을 겪기 시작했다.

콜럼버스가 인도인 줄 알고 도착한 곳은 사실 아메리카 대륙이었다. 그는 뜻밖에도 전에 본 적이 없는 신대륙을 발견했고, 후손들은 이 사건을 '세계화의 시작'으로 규정했다.

유럽의 향신료에 대한 엄청난 욕망이 콜럼버스를 탐험의 세계로 이끌었다. 그러나 향신료의 원산지 대신, 그들은 신대륙을 발견했다. 그후 '콜럼버스 열풍'이 일어나 포르투갈, 네덜란드, 영국의 탐험가들도 앞다투어 대항해를 시작했다.

인류 미식의 역사는 다시 한번 절정의 순간을 맞이했다. 혀끝에서 피어난 욕망이 세계화를 촉진하는 원동력이 되었고, 세계를 변화시키고 재창조하는 출발점이 되었다.

꼬리를 무는 역사

먹보 인류의 엄청난 식욕과 콜럼버스의 중대한 실수가 인류에게 새로운 시대의 서막을 열어주었다. 콜럼버스는 우연한 항해 끝에 신대륙을 발견했고, 이를 통해 지금까지 전례 없던 가장 큰 종간의 교류가 이루어졌다. 그리고 또한 이때부터 세계는 하나가 되고 사회와 경제는 완전히 새로운 시대로 접어들게 된다.

땅따먹기의 달인

전 세계를 식민지화한 두 나라

콜럼버스가 아메리카 대륙을 발견한 지 얼마 지나지 않아 스페인의 국기가 아메리카 전역에 휘날리기 시작했다. 콜럼버스는 쉬지 않고 수많은 식민지를 단숨에 점령했고, 해상력이 강한 포르투갈도 이에 질세라 아메리카 대륙에 상륙했다. 이베리아반도의 두 이빨이 다시 정면으로 충돌한 것이다. 한 치의 양보도 없이 두 앙숙은 아프리카 대륙에서 경험했던 식민지 쟁탈전을 아메리카 대륙에서도 재연했다.

군사력이 막강한 두 초강대국은 식민지와 시장, 부를 차지하기 위해 피비린내 나는 전쟁을 벌였고, 그들의 격렬한 충돌에 다른 나라들은 언감생심 싸워 볼 배짱조차 부릴 수 없었다. 양국의 갈등이 갈수록 첨예해지자 로마 교황 알렉산데르 6세가 직접 중재에 나섰다. 교황의 중재안은 아래와 같다.

"1493년 5월 4일, 두 나라의 지구상 세력범위를 정함에 있어 아프리카 서단西端에서 서쪽으로 100리그League(약 500km) 지점을 통과하는 자오선의 서쪽은 스페인령으로, 동쪽을 포르투갈령으로 한다."

이 칙서가 바로 그 유명한 '교황 자오선Papal Line of Demarcation'이다. 현재의 세계 지도에서 보면 아메리카 대륙과 태평양 일대는 스페인에, 아시아와 아프리카 대륙은 포르투갈에 속하게 된다. 교황이 제시한, 겉으로 보기에 신성해 보이는 중재안은 뜻밖에도 두 나라가 전 세계를 나눠 갖자는 것이었다.

경계선이 정해지면 남은 일은 자국의 식민지를 개척하는 것이다. 포르투갈 국왕은 콜럼버스를 놓친 것을 뼈저리게 후회했다. 이제 그도 콜럼버스 같은 탐험가를 찾고 싶었다. 아시아, 아프리카 등 신대륙을 탐험하고 자국의 영토로 수복하기 위함이다.

옛말에 '자려고 하면 누군가 베개를 가져다준다'라는 말이 있듯이, 이때 바스쿠 다 가마Vasco da Gama라는 항해사가 포르투갈 왕의 눈에 띄게 된다. 명망 있는 기사 가문 출신으로, 금수저를 물고 태어난 이 청년은 '산티아고 기사단(성전기사단)'에도 가입한 엘리트였다. 또한 콜럼버스와 마찬가지로 바스쿠 다 가마의 꿈 역시 머나먼 항해였고, 포르투갈의 아비스 왕조의 바다를 개척하고자 하는 큰 목표와 연결되어 있었다. 포르투갈 국왕은 그의 야망과 패기에 감명받아 바스쿠 다 가마를 신대륙 탐험과 식민지 확장을 위한 원정대장으로 임명했다. 하지만 그에게 주어진 가장 중요한 임무는 따로 있었다. 바로 향신료의 원산지를 찾는 것!

스페인의 이사벨 여왕에게 콜럼버스가 있다면, 포르투갈 국왕에게는 바스쿠 다 가마가 있었다.

1497년 7월 8일, 스물여덟 살의 바스쿠 다 가마는 인도로 가는 새로운 항로를 찾기 위해 항해를 시작하였다. 그는 포르투갈의 아비스 왕조의 지원으로 작은 선박 네 척에 170여 명의 선원을 거느리고 탐험의 길에 올랐다. 4개월 동안의 항해 후, 바스쿠 다 가마는 1498년 1월, 아프리카 남단의 희망봉Cabo da Boa Esperança을 발견했지만 강한 폭풍을 만난 탓에 선원들 모두가 겁에 질리게 되었다. 그들은 귀환을 요구했으나 고집스러운 바스쿠 다 가마는 '인도를 찾지 않으면 돌아가지 않겠다'며 강행군을 계속했다.

1498년 5월 20일, 300일이 넘는 시간 동안 바다를 떠돌던 바스쿠 다 가마의 작은 선박 3척은 드디어 인도 서남부 캘리컷Calicut(현 코지코드)에 도착했다.

캘리컷은 인도 남서부 케랄라Kerala주 서부의 항구도시로, 명나라의 정화鄭和 역시 이곳에 상륙한 바 있다. 포르투갈의 바스쿠 다 가마와 정화 모두 차례로 이곳에서 유명을 달리했다.

캘리컷에 처음 도착한 다 가마는 힌두교도인 왕과 원주민들에게 열렬한 환영을 받았다. 그들은 인도의 풍습에 따라 다 가마를 위한 6인용의 화려한 가마를 준비해 주었다. 융숭한 접대에 다 가마는 점점 우쭐해지기 시작했다. 그는 자모린 토후국의 왕가를 알현하러 갔지만, 지나치게 거만한 태도를 보이며 보잘것없는, 심지어 자신이 사용하던 중고품까지 끼워 넣은 형편 없는 선물을 건네주었다.

이는 자모린 왕을 매우 불쾌하게 만들었다. 자모린은 이미 순금으로 만들어진 성모 마리아 조각상이 포르투갈의 배에 있다는 것을 알고 있었던 탓에, 이런 그의 태도에 무역 관계를 맺으려 하지 않았다.

야심찬 다 가마, 백작으로 칭송받다

다 가마의 외교는 순탄치 않았지만, 향신료 정보를 수집할 기회는 놓치지 않았다. 그는 선원들을 캘리컷 성안의 무역 구역에 번갈아 들르게 하여 향신료 무역에 관한 정보를 수집하게 했다. 그들은 실론, 말라카 등의 생산지에 관련된 많은 정보를 알게 되었으며, 이는 추후 포르투갈이 해외 무역을 수행할 매우 중요한 단서가 되었다.

무엇보다도 아랍인들이 그동안 숨겨왔던 향신료의 원산지와 향신료 운송 경로를 현지에서 알아냈고, 이는 향후 향신료 무역에서 포르투갈인들이 경쟁에서 승리하는 데 핵심적인 요소가 되었다. 게다가 다 가마의 부하들은 계피, 후추, 정향 및 보석의 샘플을 수집하여 미래 비즈니스 확장을 위한 발판으로 삼았다.

그들은 이곳에서 처음으로 중국에 대한 정확한 소식을 듣게 된다. 알고 보니 수십 년 전 이미 중국 해외 선단이 이곳에 온 적이 있었고, 기록에 따르면 선단 사람들은 머리를 길게 기른 채 긴 창을 무장하고 있었다는 것이다.

그렇다. 현지인들의 기록에 남은 선단은 바로 명나라의 정화가 이끄는 무리였다.

얼마 후, 다 가마는 선원 몇 명만 남겨두고, 포르투갈로 돌아가 결과를 보고했다.

1499년 9월 9일 포르투갈 리스본으로 돌아온 30세의 다 가마에게는 두 척의 선박과 55명의 선원만 남아 있었다. 그러나 인도로 가는 새로운 항로를 개척한 덕분에 포르투갈 국왕으로부터 후한 보상과 '인도양의 장군'이라는 칭호를 받게 되었다.

3년 뒤 다 가마는 군함 23척을 이끌고 캘리컷에 도착했는데, 그는 그곳에서 충격적인 사실을 알게 되었다. 3년 전 자신이 왕실의 불만을 샀던 탓에 그가 남겨두었던 병사들이 모두 처형을 당했던 것이다. 이에 분노한 다 가마는 함대에 포격 명령을 하달했고, 결국 자모린 왕실은 투항할 수밖에 없었다.

전쟁에서 승리하면, 약탈과 방화는 그림자처럼 따라온다. 다 가마는 캘리컷에서 약탈해 온 값비싼 향신료들을 잔뜩 싣고 인도양의 북동 계절풍을 따라 포르투갈로 돌아왔다. 두 번째 원정 임무를 무사히 마친 그는 포르투갈 국왕으로부터 또다시 많은 상을 받고 백작으로 임명되었다.

1524년 다 가마는 포르투갈령 인도 총독으로 임명되어 세 번째 원정을 떠나게 된다. 하지만 인도에 도착한 뒤 말라리아에 감염돼 55세의 나이로 사망하게 된다.

바스쿠 다 가마는 서유럽에서 인도로 가는 새로운 항로를 개척했고, 그곳에서 많은 향신료와 보석류를 자국으로 가져왔다. 이후 그가 개척한 새로운 항로는 포르투갈에 막대한 이익을 안겨 주었다.

새로운 항로의 발견으로 포르투갈은 세계 향신료 무역에서 두각을 드러내기 시작했다. 인구 150만 명의 작은 나라에 불과했던 포르투갈은 세계적인 무역 항구 보유와 식민지 수탈로 인해 단시간에 세계 패권국으로 자리매김했다.

금융의 힘

경제학이 최초로 보여준 가공할 괴력

항해는 용감한 자들만의 게임이었다. 거센 파도와 거친 바람이
몰아치는 바다에서는 정신을 바짝 차리고 있지 않다간 목숨을 잃고
선박의 모든 인원이 바다에 수장될 수 있다. 그럼에도 수많은 국가들이
항해에 대한 도전을 멈추지 않았다.
항해의 역사는 어떻게, 어떤 식으로 시작되었던 것일까?

항해는 원래 '공동 투자'의 형태였다. 16세기 이전 선원들은 선단을 꾸릴 때 임시로 집합해 운영되었다. 다시 말해, 선원들은 함께 투자하고, 함께 위험을 감수하고, 손실의 부담과 이익의 기쁨을 함께 나누었다. 하지만 무역이 끝나면 곧바로 해산했다. 만약 폭풍우를 만난다거나 해적의 습격과 같은 돌발 상황을 만나면 모든 선원이 함께 피해를 책임져야 했다. 이로 인해 하룻밤 사이에 전 재산을 잃고 거리로 내몰리는 일도 비일비재했다. 따라서 엄청난 손실을 감당할 각오가 있어야만 항해에 나설 수 있었다. 이렇게 큰 위험으로 인해 대부분은 항해 대열에 선뜻 합류하지 못했다.

그렇다면 어떻게 해야 바다로부터 오는 불확실성의 위험을 줄이고, 항해를 지속할 수 있을까? 해답은 '금융'이었다. 그 시절, 금융에 능한 영국인들이 가장 먼저 방법을 고안해 냈다.

1600년 12월 31일, 영국의 엘리자베스 여왕은 한 가지 특별한 왕실 허가서를 발급하게 된다. 이는 런던 상인들이 '동인도에 무역 회사를 설립할 수 있는 허가장'이었다. 그렇게 탄생한 작은 회사가 바로 '영국 동인도 회사'였다. 설립 당시 회사는 직원 수 218명에 불과한 작은 규모였지만, 악명이 드높은 회사였다.

이 왕실 허가장이 특별했던 이유는 전례 없던 두 가지를 보장하기 때문이었다.

1. 독점권(무역 독점 허가)

'독점'은 이 회사만이 영국을 대신하여 인도에서 무역할 권리가 있음을 의미한다.

2. '유한책임'

획기적인 의의를 지닌 것이 바로 이 '유한책임'인데, 이 원칙이 인류 무역의 역사에 새로운 시대를 열게 된다. 소위 '유한책임'이라 함은 영국 동인도 회사가 불행히도 파산하게 되면 회사가 부담해야 할 배상액의 규모와 관계없이, 투자자의 손실은 이미 지급한 투자금 내로 제한되는 것이다. 설령 회사가 천문학적인 부채를 떠안고 망하더라도 투자자들의 개인 재산까지 빼앗기지 않는다는 뜻이다. 즉, 선원들이 자신의 전 재산을 걸고 위험을 감수할 필요가 없어진 것이다.

이 놀랍고도 참신한 두 가지 발상은 항해를 가로막고 있던 마지막 장벽을 제거하여 인류가 해상 패권 경쟁 시대를 맞이하게 했다. 이는 단순한 무역 허가가 아닌, 자본주의 경제 시스템을 움직이는 강력한 도구가 된 것이다.

영국이 유한책임과 독점권을 기반으로 무역의 새로운 시대를 열자, 다른 유럽 국가들도 너 나 할 것 없이 무역 독점을 허가하고 식민지 지역을 나누기 위해 자체 동인도 회사를 설립했다. 역사적으로 총 7개국이 동인도 회사를 설립했던 것으로 확인된다.

* 1600년: 영국 동인도 회사

* 1602년: 네덜란드 동인도 회사

* 1616년: 덴마크 동인도 회사

* 1628년: 포르투갈 동인도 회사

* 1664년: 프랑스 동인도 회사

* 1731년: 스웨덴 동인도 회사

* 1775년: 오스트리아 동인도 회사

예전에는 선원들이 바다로 나갈 때 임시직으로 원양 무역 후 매번 일자리와 파트너를 다시 찾아야 했다. 항해를 나갈 때마다 새로운 파트너를 찾아야 했기에, 협동성도 떨어지고 안정적이지도 않았다. 그러나 동인도 회사의 설립 이후, 선원들은 더 이상 해산하지 않아도 되었다. 항해업은 정기적으로 배당을 받을 수 있는 안정적인 일자리가 되었기 때문이다.

책임의 부담이 현저히 줄게 된 유한책임회사의 출현으로 영국 항해는 전례 없는 열기를 띠었다. 일정 범위 내에서 위험 관리가 가능해지자 대영 제국의 식민지는 우후죽순처럼 늘어났다.

그런데 영국이 전 세계의 식민지 선점에 열중하던 그때, 뜻밖의 강력한 경쟁자가 등장했다.

세계 최초의 주식 거래소의 탄생

유럽 북서부에 자리한 네덜란드는 동쪽에는 독일, 남쪽은 벨기에, 서쪽과 북쪽은 바다와 인접해 있는 국가다. 게르만족의 후예인 네덜란드인은 오랜 기간 스페인의 지배를 받아오다 약 80여 년의 투쟁 끝에 독립을 이룰 수 있었다. 독립한 네덜란드인들은 오래전부터 해상 무역을 통해 큰돈을 만져보길 원했다. 그러나 무작정 도전하기에는 대양 항해는 위험천만했다.

1594년 네덜란드는 향신료를 얻기 위한 첫 번째 동방 항해를 시도했다. 총 289명의 선원과 4척의 선박을 파견했으나 불행히도 귀환할 때는 단 89명의 선원과 3척의 선박뿐이었다. 이렇게 엄청난 큰 손실을 보았음에도 무역 성과는 예상보다 좋았다. 구매한 향신료는 높은 가격에 팔렸고 생환한 선원들은 막대한 이익을 손에 거머쥘 수 있었다.

이 소문은 삽시간에 퍼졌다. 재미를 보았다고 판단한 더 많은 네덜란드인이 향신료 무역에 뛰어들며 수많은 소규모 해양 회사가 등장했다. 그러나 소규모 회사는 실익이 적고, 위험에 기민하게 대처하기에 어렵다는 걸 깨닫게 된다. 이로 인해 네덜란드의 14개 소규모 회사가 연합한 '네덜란드 동인도 회사'가 탄생하게 되었다.

영국계 주식회사가 '유한책임제'를 사용해 위험을 일정 범위 내에서 관리한다고 하지만, 주주가 회사에서 투자금을 회수하려면 청산을 해야 하는 어려움이 있었다. 네덜란드 동인도 회사는 계속해서 머리를 쥐어짜, 여기서 한발 더 나아가기로 했다. 바로 '주식을 자유롭게 사고팔 수 있게 하는 것'이다. 즉, 어떤 주주가 회사의 지분을 정리하고 싶다면 주식을 다른 사람에게 양도할 수 있다. 그 사람은 주주에게서 지분을 사들이면 해결될 문제라 회사는 청산할 필요가 없다. 이 방법은 '주식 양도 및 현금화 문제'를 완전히 해결했다.

주식을 양도하는 대상이 반드시 지인일 필요는 없다. 낯선 사람이 될 수도 있다. 그러기 위해서는 이 거래가 성사될 수 있는 일정한 장소가 필요했고, 결국 1609년 최초의 주식 거래소인 '암스테르담 주식 거래소'가 탄생하게 되었다.

주주제, 유한책임, 주식 거래, 이것이 17세기에 인류가 이루어낸 가장 혁신적인 진보이다. 이어 주식 중개인, 시중은행 신용통화, 현대의 신용 제도 등이 파생되었다.

이와 같은 금융 시스템의 설립은 세계 해양 무역을 급진적으로 활성화하고 세계 무역을 폭발적으로 성장시킨 핵심 동인이 되었다.

바다의 마부 네덜란드, 바다를 장악하다

육두구, 정향, 후추, 계피와 같은 향신료 등은 모두 아시아에서 온 것들이다. 이 귀한 물건들이 해상 무역로를 따라 당시 무역의 중심지였던 콘스탄티노플에 집결되었다.

당시 교역의 중심지였던 이곳에 기민한 베네치아 상인들이 모여들었다. 그들은 향신료를 실은 선박이 육지에 닿자마자 전량을 매입한 뒤 가격을 올려 유럽의 소상공인들에게 운송해 엄청난 이윤을 남겼다.

하지만 영민한 장사꾼들이 이를 가만히 두고 볼 리가 없다. 이윤이 발생하는 곳이면 늘 장사치들이 냄새를 맡고 모여들기 마련이다. 1511년 포르투갈의 선단이 향신료 군도Spice Islands라 불리던 인도네시아 말루쿠 제도Maluku Island에 도착해 베네치아 상인들이 독점하던 향신료 무역 세계를 깨부쉈다.

1580년 포르투갈을 합병한 스페인은 아메리카 대륙에서 금과 은을 캐내느라 원래 포르투갈이 관리하던 향신료 무역을 제대로 관리할 여력이 없었다. 그런데 이 관리 공백을 네덜란드가 파고들기 시작했다.

네덜란드인은 장사에 능했다. 그들은 단순한 무역을 넘어, 일종의 상업적 패턴을 만들어 냈다. 이들은 무력으로 말루쿠 제도의 무역권을 장악하고, 향신료를 중국으로 보내 견직물을 사들였다. 그렇게 매입한 견직물을 다시 일본으로 보내 은과 바꿨고, 다시 은으로 면직물을 구매한 후, 이를 인도로 보내 향신료로 교환했다.

오늘날의 경제학 용어를 빌리자면, 이것은 빈틈없이 완벽한 '상업적

폐쇄형 루프 시스템Closed-loop system'이다.

네덜란드의 동인도 회사는 점차 모든 동인도 회사 중 무역량이 가장 큰 회사가 되었다. 수년간의 운영을 통해 그들은 아시아 해역을 따라 여러 거점을 설립했으며, 일본의 히라도섬과 나가사키에 지점을 설립하여 중국과의 무역을 위한 기지로 삼았다.

동인도 회사의 주식을 소유하고 있던 네덜란드 정부는 동인도 회사에 막대한 특권을 부여했다. 군부대 창설, 독자적 화폐 발행, 타국과의 조약 체결권, 식민지 통치권 등 동인도 회사 하나가 가진 특권으로 보면 거의 하나의 국가와 다름없었다.

200년 가까이 이 회사는 매년 평균 18%의 배당금을 네덜란드 정부에 지급했으며, 이는 투자의 귀재 워런 버핏Warren Buffett의 수익 수준을 200년 동안 유지한 것과 같다. 그러나 이 수익은 약탈로 발생한 것이다.

네덜란드의 동인도 회사는 전성기에 150척이 넘는 상선과 40척의 전함, 5만 명의 직원, 1만 명의 용병을 거느렸다. 이는 하나의 국가 안에 또 다른 국가가 있는 것과 마찬가지였다. 네덜란드 동인도 회사가 650만 굴덴gulden(네덜란드 화폐) 어치의 주식을 발행했을 당시 근로자 1명의 연봉이 200굴덴에 불과했다. 그런데도 사흘 만에 발행된 주식이 모두 매진되었다.

그러나 향신료 무역에서 승승장구하던 네덜란드는 곧 또 다른 강력한 경쟁자를 상대하게 된다. 빠르게 부상하는 영국과 부딪힌 것이다.

과한 야욕의 영국, 아편 전쟁을 일으키다

영국 또한 향신료 무역을 목표로 하고 있었고, 동인도 회사도 소유하고 있는 만만치 않은 거물이었다. 1588년, 영국 해군은 스페인의 무적 함대를 격파하고, 전 세계가 본격적인 영국 패권의 시대에 진입했음을 선포했다.

향신료 무역을 위해 영국은 인도 서북부의 무역항 봄베이Bombay(현재 지명 뭄바이)를 점령해 이를 전진 기지로 삼았다. 이로써 봄베이는 영국 동인도 회사의 첫 번째 식민지가 되었다. 그들은 인도의 내분을 이용해 현지인들로 무장 용병대를 조직했다. 한편으로는 무역을 독점하고, 다른 한편으로는 식민지를 확장해 나간 것이다.

영국의 탐욕은 여기서 그치지 않았다. 더 큰 향신료 시장을 얻기 위해 네덜란드 식민지를 빼앗기 시작했다. 양측은 거의 100년이 넘는 기간 동안 4차례의 '영국-네덜란드 전쟁'을 치렀다. 1780년부터 1784년까지 이어진 제4차 영국-네덜란드 전쟁에서 영국은 강력한 해군력을 앞세워 군비가 낙후된 네덜란드를 완전히 격파하고 네덜란드의 풍부한 물자와 식민지를 약탈했다. 이때부터 영국은 완벽한 해상 강자로 군림하게 되었고, 네덜란드 동인도 회사는 1799년에 해체되었다.

향신료 무역을 독점한 영국의 동인도 회사는 얼룩진 행보를 계속 이어갔다. 이들은 인도에서 아편을 대량으로 재배해 중국으로 유입시켰으며 영국 정부의 묵인과 지원을 받아 아편 전쟁을 일으켰다.

1857년 인도에서는 세포이 항쟁Sepoy Mutiny(일명 반영항쟁)이 일어났다. 이는 영국 동인도 회사의 가혹한 식민 지배와 착취에 대한 인도인들의 분노가 폭발한 사건이었다. 이는 인도 전역으로 빠르게 확산하였고, 이를 심각한 상황으로 받아들인 영국 정부는 1858년 '인도 통치법'을 제정해 동인도 회사의 통치권을 박탈하고, 인도를 직접 통치하는 체제로 전환했다. 동인도 회사의 존재 이유가 사라지자, 1874년 1월 1일 영국 동인도 회사는 공식적으로 해산되었다. 이로 인해 인도는 영국의 직접 지배하에 놓이게 되고, 본격적인 영국의 식민 지배를 받게 되었다. 영국의 빅토리아 여왕이 인도를 지배하는 영국령 인도의 역사가 시작된 것이다.

역사는 종종 욕망을 가진 사람들에 의해 변화를 맞이한다. 때로는 권력에 욕망을 가진 사람들에 의해, 때로는 돈에 욕망을 가진 사람들에 의해 역사의 흐름이 결정된다. 이번에는 '미식'에 대한 욕망이 들끓는 사람들에 의해 역사가 쓰였다. 향신료에 대한 유럽 미식가들의 욕망은 대항해 시대를 직접 여는 계기가 되었다. 그 욕망은 '식민지 확장'이라는 새바람을 일으키며 세계를 무역 시대로 진입시켰다.

꼬리를 무는 역사

미식가들의 욕망은 스페인, 포르투갈, 네덜란드, 영국 4개국을 뒤흔들었다. 향신료 무역에 몰두한 각국은 국력을 최고조로 신장시켰고, 그 정점에서 수백 년 동안 세계에서 패권국의 지위를 차지했다. 이 모든 전쟁의 최후 승리자였던 영국은 팍스 브리태니카Pax Britannica 시대를 맞이하게 되었으며, 역사상 전례를 찾아볼 수 없는 희대의 사건들은 인류 발전에 커다란 영향을 미쳤다.

제4장

화폐 전쟁

"통화량 팽창은 일종의 화폐적 현상이다."

**미국의 경제학자,
밀턴 프리드먼(Milton Friedman)**

정화(鄭和)의 대원정

허영덩어리 황제로 인해
바닥을 드러낸 명나라 국고

1402년, 명나라의 3대 황제인 성조成祖 영락제永樂帝
(본명, 주체로 주원장의 넷째 아들)는 황제로 즉위하며 수도를 북경으로
옮기기로 결정했다. 영락제는 불꽃 같은 야망을 품은 야심가이다.
그는 '정난靖難의 변'을 일으켜 4년간의 치열한 황위 찬탈 전쟁 끝에
황제로 등극한 인물이다. 또한 그는 조카인 명나라 제2대 황제
건문제建文帝 주윤문朱允炆이 권력을 휘두르는 모습을 지켜보며
불편함을 감추지 못해 이를 갈다, '황실을 깨끗이 한다'는 명목하에
난을 일으켜 찬위簒位에 성공했다.

영락제는 천하를 군림한 뒤에도 끝없는 쓸쓸함을 느꼈다. 옥좌에 앉아 자신을 향해 머리를 조아리는 문무백관을 바라보았지만, 뭔가 부족함이 느껴졌다. 이것이 바로 세계로 뻗어 나가고자 하는 '대원정의 결심'이 선 계기가 된다.

당시 모든 나라는 이미 서로 긴밀하게 연결되어 있는 상황이었고, 영락제에게는 명실상부 세계 최강의 명나라 해군이 있었다. 한편 그의 가슴 한구석에서는 조카 건문제가 언제 권토중래할지 모른다는 두려움이 자리 잡고 있었다. 그가 난을 일으켰을 때 궁에서 탈출한 건문제의 생사와 행방을 알 도리가 없었기 때문이다.

찬탈한 황위로 옥좌에 앉아있는 현실이 못내 불안했던 영락제는 강력한 명나라 해군을 이용한 서양 대원정을 통해 관심을 외부로 돌리기

로 했다. 이를 통해 얻을 수 있는 이점은 두 가지였다.

첫째, 명나라의 위용을 과시하고 국위를 선양할 수 있을 뿐만 아니라 빠른 속도로 변화하는 세계에 발맞추어 갈 수 있다.

둘째, 실종되어 행방이 묘연한 건문제가 은둔했을 것으로 추정되는 지역을 수소문하여 잠재된 위협을 제거할 수 있다.

이렇게 영락제의 명을 받아 위대한 역사적 사명을 띠고 대원정에 나서게 된 이가 바로 '정화'이다. 이로써 명나라 역사상 가장 대규모의 해양 원정인, '정화의 서양 원정'이 시작되었다.

정화의 본명은 마삼보馬三寶로 그의 나이 10세에 환관이 되어 궁에 들어가 영락제가 왕자였던 시절부터 그의 시중을 들기 시작했다. 정난의 변에서 큰 공을 세워 신임을 얻은 마삼보는 '정' 씨 성을 하사받고, 환관의 우두머리 격인 태감에까지 오르게 된다.

명나라 시대에 태감의 권세는 막강했다. 태감은 혼인 외에 나무, 돌, 기와, 흙, 화약, 쌀과 소금 창고 등을 관장하였는데, 이것들은 주로 후궁과 떼려야 뗄 수 없는 관계에 있는 물건들이었다. 그렇게 후궁들과 긴밀한 관계를 맺을 수 있었던 정화는 황제의 측근에서 가장 영향력 있는 인물로 급부상하게 된다.

'정화의 서양 원정' 서막을 열다

1405년 7월 11일, 정화는 총 62척의 군함에 27,800여 명의 군사를 거느리고 서양으로 향하는 뱃길에 올랐다. 이 항해는 오늘날까지 중국 역사에서 가장 중요한 기록으로 다뤄지는 '정화 대원정'의 서막이다.

정화의 함대는 난징에서 출발하여 인도네시아의 수마트라, 자바, 실론(현 스리랑카), 베트남, 태국, 캄보디아, 인도네시아, 필리핀, 방글라데시 등지를 누볐으며, 마지막 항해의 종착점은 바로 훗날 바스쿠 다 가마가 도착했던 인도다.

비록 바스쿠 다 가마와 정화의 항해 종착지는 같은 곳이었지만, 항해의 목적은 달랐다. 이는 그들의 항해에 서로 다른 영향력을 미쳤다.

포르투갈이 바스쿠 다 가마를 파견한 목적은 해외 식민지를 확장하고, 유럽과 아시아를 잇는 해상 무역로를 확보하는 것이었다. 그 결과 포르투갈은 향신료 무역을 독점하며 막대한 경제적 이득을 거두었고, 이를 통해 세계 패권 지위를 공고히 할 수 있었다. 다시 말해 군사력과 경제력을 바탕으로 한 '제국주의적 항해'였던 것이다.

이에 반해, 정화가 서양에 진출한 목적은 명나라 왕조의 부유함, 강력함, 관대함을 과시하기 위함이었다. 물론 암암리에 조카 건문제를 찾아 주살하려는 목적도 포함되어 있었겠지만, 공식적 칙령을 보면 세상 천하에 유교적 중화中華사상을 널리 퍼뜨려 자국의 질서 안에 편입시킨다는 명목하에 대원정이 이루어졌다. 이는 현시대를 살아가는 우리가 SNS상에서 부를 과시하는 생각과 유사하다고 볼 수 있다.

목적이 다르면 행동에도 차이가 나는 법이다.

바스쿠 다 가마는 주로 가는 곳마다 식민지를 어떻게 점령할 것인지, 향신료 운송 경로를 어떻게 개척할지에 대해 관심을 기울였다. 그의 머릿속에는 어떤 방식으로 무역을 성사할지와 어떤 상품을 포르투갈로 가져오고, 또 어떤 상품을 이곳에서 판매할 수 있는지에 대한 생각으로 가득했다.

이와 달리 정화는 명나라의 부를 과시하기 위해 가는 곳마다 조공 관계를 맺어 그 나라의 국왕에게 선물을 주고, 친교를 맺었다. 그리고 친교의 상징으로 비석을 세워 두 나라의 위대한 우정을 기록했다.

1407년, 정화가 인도에 도착한 후, 전례에 따라 큰 비석을 세웠다.

"인도는 대명 왕조로부터 10만여 리 떨어져 있지만, 이곳 또한
살기 좋은 나라이다. 명나라와 같이 인도는 자원이 풍부하고,
백성 모두 건강하고 행복한 삶을 영위하고 있다. 이에 비석을 세워,
세상에 널리 알리고자 한다."

비석을 세운 후, 정화는 지역 주민들에게 돈과 선물을 나누어주기 시작했다. 지역 주민들은 정화의 행동에 어리둥절할 수밖에 없었다. 굳이 이 먼 곳까지 함대를 몰고 와서 비석을 세우고, 돈과 선물을 나누어 준 뒤, 아무런 소득 없이 돌아가는 모습이 이상할 따름이었다.

정화의 대원정은 앞서 말한 대로 명나라가 자원이 풍부하고 국력이 강한 국가임을 과시하며, 우리를 따르는 자는 같이 번영하겠으나 거스

르는 자는 망국의 일로를 걷게 될 것이라는 메시지를 전달하기 위함이었다. 직접 돈을 건네는 것이 부적절하다고 느껴질 때는 현지의 보석, 옥, 향신료 등을 정상가보다 훨씬 비싼 가격에 매입했다. 이러한 거래 방식에 현지인들은 쌍수를 들고 정화 일행을 반겼다. 다음은 정화가 인도네시아 수마트라에 도착했을 때 왕과의 일화를 각색한 것이다.

"아니! 당신이 신선도 아니고, 어떻게 갑자기 바다에서 올라온 것이오?"

"저는 먼바다를 항해 중인 명나라의 정화라 합니다. 명나라에서부터 배를 타고 이곳에 이르렀습니다."

"명나라? 내 들어본 적 없지만, 대범한 당신의 행동을 보니 분명 부유한 나라임에 틀림이 없겠구려."

"그렇습니다. 우리 명나라는 비옥한 땅이 동서남북 사방으로 천 리에 달하는 국가입니다. 이 땅을 지키는 군사는 백만이 넘고, 온 땅에 황금이 가득한 곳이지요."

"당신의 호의에 내 무엇으로 답을 하면 되겠소?"

"우리 명나라의 형제국이 되어 주십시오. 명나라와 형제 국가가 된다면 많은 혜택을 받게 될 것입니다. 그러나 만약 형제국이 아닌 다른 편에 서게 된다면, 신중하게 행동하셔야 할 것입니다."

"그럼, 형님의 나라로 받들고 비취나 보석, 야명주들을 조공으로 바치면 되겠소?"

"그럴 리가요. 우리 명나라의 재력이 차고 넘치는데, 어찌 형제국의

162

물건을 공짜로 받을 수 있겠습니까? 이 물건의 현 시세가 어떻게
됩니까?"

"은화 20냥이오."

"400냥 드리겠습니다. 앞으로 가격은 모두 시세의 20배로
셈을 하겠습니다."

"허허, 그게 무슨 이치에 맞지 않는 셈법이오?"

"비밀을 하나 알려드리겠습니다. 저와 함께 명나라의 황제를
찾아뵙는다면, 황제께서 더 많은 하사품을 내리실 것입니다."

이후 정화는 다른 나라에 갈 때마다 이와 같은 과정을 반복했다. 정화가 출발할 때 배에 한가득 선적한 은과 비단, 도자기 등은 돌아올 때는 마노, 상아 등의 물건들과 다른 나라의 사절들로 바뀌었다.

이들 국가의 사절단은 적게는 오백에서 육백 명, 많게는 천에서 이천 명까지 달했다. 그들은 다양한 진귀한 보석들과 상아, 후추 등의 향신료를 가지고 명나라 황제를 알현했다.

정화가 귀항할 때마다 명나라 도성에는 전 세계인들이 오가는 전례 없는 번영의 진풍경이 펼쳐졌다. 이는 중국사에 길이 남아 오래오래 명성을 떨치길 기대했던 영락제의 허영심을 충족시켜 주었다.

사실, 연대를 따져보면 정화는 세계 최초로 글로벌 대원정을 시작한 함대를 이끌었다고 볼 수 있다. 콜럼버스가 아메리카 대륙을 발견한 것보다 87년, 바스쿠 다 가마보다는 92년, 마젤란보다 114년을 앞서 세계를 탐험했다.

더욱이 명나라는 정화의 대원정을 지원하기 위해 최대한 모든 국력을 집중시켜 항해 기술을 고도로 향상했다. 항해 기술의 선진화 측면에서나 선단의 규모, 항해 거리, 항해 시간 등등 정화 함대의 능력은 같은 시기의 다른 국가들에 비해 월등히 앞서 있었다.

명나라가 대원정에 국력 과시가 아닌 다른 목적을 두었다면, 오늘날의 세계 지도는 아마 전혀 다른 모습이었을 것이다. 하지만 안타깝게도 정화는 단지 재미있는 에피소드 하나만 남겼을 뿐이다. 반면 콜럼버스와 다 가마, 마젤란은 새로운 땅과 새로운 종種을 발견하고 또 새로운 항로를 개척하여 세계사의 흐름을 바꾸었다.

과시욕에 눈이 먼 중국의 대항해

중국학자 페이정칭費正淸은 정화와 콜럼버스 원정의 결정적인 차이를 이렇게 지적했다.

"중국의 함대는 아프리카를 돌아 유럽으로 가야 할 동력을
갖추지 못했을 뿐만 아니라, 도착한 곳에 무역 거점을 세우려는
추진력조차 없었다. 중국과 포르투갈의 항해 기술은 비슷했지만,
그들의 동기 차이는 더욱 두드러졌다. 중국인은 유럽인처럼
확장을 갈망하는 강한 욕망이 전혀 없었고, 이 차이가 결국
양측의 성과를 완전히 다르게 만들었다."

한편, 정화는 대원정 과정에서 명나라에는 없던 매우 신기한 동물을 발견하게 된다. 그것은 마치 고서에 등장했던 '기린수麒麟獸'와 흡사하게 생겼는데, 그는 이것을 매우 좋은 징조라 여겨 명나라로 데려오게 된다. 이 동물이 바로 요즘 동물원에서 흔히 보는 기린이다. 경제학 측면에서 보았을 때 정화의 대항해는 그저 별 이득 없이 현재의 동물원에 약간의 입장료 수익 창출에 조금이나마 기여를 한 셈이다.

항해하는 선원들은 먼바다에 나갈 때는 지루한 항해를 조금이나마 달래기 위해 유희 거리가 필요하다. 처음에는 주사위를 던지는 간단한 게임을 할 수밖에 없었지만, 나중에는 무료한 항해를 달랠 수 있는, 조금 더 심오한 놀잇거리를 발명하기에 이른다. 그 놀이가 바로 '마작'이다.

마작의 기원에 대해 청나라 대명세戴名世의 『우암집憂庵集』 등의 고서에서는 명나라의 만병초萬秉迢라는 사람이 발명했다는 설과 대원정 중에 정화가 큰 범선을 몰아 항해를 하던 중 풍향, 항선, 물통 등의 요소를 바탕으로 마작을 발명했다는 설이 있다.

정화의 설을 예로 든다면, 마작은 해상을 항해할 때 사용하던 것들에서 착안했는데 '동서남북'은 바람의 방향을 알려주기 위한 작은 깃발에서, '조條'는 숫자를 세던 가지, 나무 '통筒'은 배에서 민물을 담아 쓰던 물통에서 따왔다. '만萬'은 은자(돈)를 세던 단위이다.

마작은 대원정을 떠난 선원의 마음을 안정시켰을 뿐만 아니라 긴 항해에 더 많은 즐거움을 가져다주었기에 항해 임무를 성공적으로 완수할 수 있었다.

꼬리를 무는 역사

대서양을 오가던 정화의 함대는 전 세계의 이목을 끌었고, 이것으로 끝없는 쓸쓸함에 시달리던 허영덩어리 영락제 주체는 충분히 만족감을 즐길 수 있었다. 그러나 이 모든 비용은 국고에서 부담해야 했다. 이로써 명나라는 글로벌 대원정 프로젝트를 위해 막대한 대가를 치러야 했다. 명나라 조정은 황제의 체면치레를 지원하기 위해 많은 인력과 물자를 소모하였을 뿐만 아니라 모든 국력을 이 프로젝트에 집중시켰다. 국고의 은자가 바닥을 드러내자, 명나라 중앙은행은 미친 듯이 돈을 찍어내는 통화량 팽창 국면에 접어들 수밖에 없었다.

지폐 발명의 득과 실

금융 역사상 가장 위대한 발명

1023년, 송宋나라 쓰촨 청두成都의 작은 발명품 하나가 전 세계를 놀라게 했다. 그 혁신적인 발명품은 바로 '교자交子'라 불리던 지폐다. 수백 년 동안 모든 국가는 금, 은과 같은 귀금속을 화폐로 만들어 사용해 왔다. 그런데 청두에서는 아무런 가치도 없어 보이는 단순한 종이를 화폐의 원료로 사용하는 대담한 시도를 했다. 이는 당시의 통념을 완전히 뒤흔드는 대변혁이었다.

그렇다면 인류사의 역사적 의미를 지닌 교자는 어떻게 송나라의 청두에서 탄생하게 된 것일까? 이것은 송나라의 관대한 경제 정책과 고도로 발달한 청두의 상업이 낳은 필연적 결과이다. 송나라는 역사상 가장 개방적인 금융 정책을 가지고 있었다. 이곳에서는 그동안 천대받던 상인들이 전례 없이 높은 지위를 부여받았다. 게다가 송나라의 백성은 아무런 제약 없이 자유롭게 경제 활동을 할 수 있었고, 어떠한 사회적 차별도 받지 않았다.

또한 청두는 지리적으로 천혜의 땅에 자리 잡고 있다. 중국의 중부를 가로지르는 친링秦嶺산맥과 다바大巴산맥은 수隋나라와 당唐나라를 거쳐오며 발생한 숱한 전란으로부터 청두를 철저히 차단해 주었다. 이로 인해 청두는 독자적인 경제권을 형성하며 송 시대에 가장 번화한 상업 지역 중 하나가 되었다.

아마도 현재 청두 사람들의 특징이라 알려진, 여유롭고 편안한 생활을 추구하며 미식을 즐기는 느긋한 삶의 태도도 번영했던 과거의 영향을 받은 것인지도 모른다.

소비를 즐기는 청두 사람들은 금과 은 같은 귀금속의 문제점을 가장 먼저 발견했다. 당시 철재로 만들어진 돈 '철전'은 몸에 지니고 다니기에 너무 무거웠다. 기록에 따르면, '작은 철전' 열 꾸러미가 6.5근(3.9kg/1근당 600g)이며, '큰 철전' 한 꾸러미는 12근(7.2kg) 정도였다.

예를 들어보자. 만약 평상시 쇼핑을 하기 위해 약 5kg~15kg의 돈을 가지고 다녀야 한다면 이는 쇼핑하러 가는 것인지 아령을 들고 운동을 하러 가는 것인지 구분하기 어려울 것이다. 심한 경우 송나라 상인들이 비단을 들여오려면 보통 약 300근(180kg)의 돈을 짊어지고 다녀야 했다.

또 식당에 갈 때도 40kg의 돈을 짊어지고 가야 했으니, 어떻게 이런 생활을 견딜 수 있었겠는가? 그래서 그중 16개 대형 점포가 가장 먼저 해결책을 모색했다. 그들은 철전을 함께 보관하고 등가의 지폐 발행을 시도했다. 이는 '개인 어음'으로 귀금속 화폐를 대체한 것이다. 이것은 현재의 수표와 비슷한 개념으로 신뢰할 만한 사람의 서명이 있으면 상점에서도 이를 받아들이고, 언제든지 현금으로 바꿀 수 있었다. 이 어음이 바로 세계 최초의 지폐인 '교자交子'로 발전한 것이다.

교자는 이전에는 찾아볼 수 없었던 혁신적 발명이었지만, 이를 검증할 만한 전례가 없었다. 그래서 민간에서 먼저 통용된 이후 이를 눈여겨본 일부 지방 관리가 추진한 끝에야 비로소 중앙 조정에서 교자를 공식 화폐로 인정하게 되었다.

서기 1023년, 교자의 발행권을 거두어들인 송나라 조정에서는 직접 약 126만 관(1관은 3.75kg)의 공식 지폐를 처음으로 발행하였다. 이는 전 세계 최초로 국가가 공식으로 발행한 지폐이다. 이를 기점으로 지폐는 법정 화폐로 인정되었다.

왕안석 개혁과 화폐 남발의 시작

금, 은, 동으로 주조하던 금속 화폐와는 달리 종이로 제작하던 교자 는 값비싼 귀금속을 사용할 필요도, 그것을 주조하는 데 노력을 들일 필 요도 없었다. 그러나 화폐 제작 비용이 매우 낮은 대신 치명적인 단점 이 있었다. 바로 '도용'이다. 당시에는 도용을 방지할 수 있는 위조 방지 기술이 없었다. 이는 위조가 매우 쉽다는 것을 의미한다. 조정에서도 이 점을 분명히 인식하고 있었기에 이와 관련한 법령을 공표했다.

"교자를 위조하거나 개인이 사사로이 발행하는 것은 모두 참형으로
  다스린다."

이후 송나라는 2년에 한 번씩 주기적으로 교자를 발행했으며, 1회 발행 한도는 1,256,340관(약 4,711톤)이었다. 교자는 찢어지기 쉬운 종 이 재질로 제작되어 유통 중에 마모되거나 파손의 가능성이 높았다. 그 래서 명나라 조정에서는 파손에 대비하여 발행된 교자의 유효기간을

3년으로 설정했고, 기간이 만료된 후에는 파손된 헌 돈을 새 돈으로 교환하게 했다. 회수된 구권은 소각했는데, 이는 현재 중앙은행이 구권을 신권으로 교환하는 방식과 매우 유사하다.

이와 같은 명나라 조정의 지원으로 민간에서 불거졌던 교자의 신용 문제는 단번에 해결되었다. 쓰촨에서 교자의 사용은 빠르게 보급되었고, 휴대가 편리한 교자는 쓰촨의 차茶 상인들에게 엄청난 경쟁력을 부여하였다. 이것은 청두의 상업과 무역의 발전으로 이어졌지만, 화폐 개혁의 단행만으로 송나라의 몰락을 막기에는 역부족이었다.

1069년, 왕안석王安石[15]은 송나라의 부국강병을 실현하기 위한 정책을 단행했다. 그는 '당송 8대가'로 불릴 만큼 뛰어난 문예 실력을 갖추었지만, 정치적 능력은 그다지 출중하지 않았던 것 같다. 그가 제안한 개혁 정책은 매우 급진적이고, 때로는 터무니없을 정도로 극단적이었다. 이로 인해 송나라 내부는 치열한 당파 싸움마저 벌어졌다. 특히 왕안석은 사마광司马光과 첨예하게 대립해 수많은 관리가 피해를 보았는데, 동파육으로 유명한 소동파苏东坡 역시 사마광과 왕안석의 논쟁으로 여러 차례 좌천되었고, 수없이 생사의 갈림길에 서야만 했다.

첨예한 당파 싸움과 더불어 송나라에는 악재가 끊이지 않았다. 송나

---

15   **왕안석(1021~1086)** 유교 왕조 송조(宋朝)의 '부국강병(富國强兵)' 개혁을 설계한 북송의 정치가이다. 자(字)는 개보(介甫), 호는 반산(半山)으로 강서성 무주(撫州) 임천현(臨川縣)에서 태어난 그는 당·송 시대를 통틀어 가장 뛰어난 '당송 팔대가'(한유·유종원·구양수·소순·소식·소철·왕안석·증공) 가운데 한 사람이다. 왕안석 변법(王安石變法)으로 잘 알려진 인물이다.

라 동북 국경의 거란족과 서북 국경의 탕구트Tangut족은 끊임없이 송을 괴롭혔다. 이들 소수 유목 민족의 침략을 평정하기 위해 전쟁은 거부할 수 없는 선택이었다. 그러나 전쟁에는 막대한 자금이 필요했다. 한 번의 전쟁을 치르기 위해서는 천만 관에 달하는 군비가 소비되었다.

이에 조정은 교자가 지폐이기 때문에 화폐 발행이 어렵지 않다는 것에 주목했다. 과거처럼 금이나 은 같은 귀금속이 필요하지 않을뿐더러 인쇄만 하면 그만이었다. 결국 빠르게 자금을 조달할 수 있다는 지폐의 편리함은 송나라가 과도하게 화폐를 찍어내는 결과를 초래했다.

송나라는 미친 듯이 돈을 찍어냈고, 이에 교자는 초과 발행 상태에 빠졌는데, 사료에 따르면 1094년부터 1097년까지 3년 동안 발행한 교자는 첫 발행 시 찍어낸 액수의 몇 배에 달한다. 만약 한 나라가 생산이 증가하지 않은 상태에서 일방적으로 화폐량만 증가한다면, 이는 필연적으로 인플레이션을 초래하게 된다. 즉, 돈의 가치가 급속도로 떨어지는 것이다. 송나라 백성들은 빠르게 평가절하되는 교자를 점차 불신하기 시작했다.

송나라 말기, 차 사업은 국가에 의해 독점 운영되고 있었다. 이로 인해 상업 활동이 급속히 감소했으며, 민간 무역에 뿌리를 둔 교자 수요도 점차 감소하기 시작했다. 화폐도 하나의 상품이며, 수요와 공급의 원칙을 따른다. 일단 수요가 감소하면, 그다음은 가치의 하락으로 이어지기 마련이다.

이로써 신·구권의 환전 비율은 이전의 1:1에서 점차 1:4, 1:5로 변화되었다. 즉, 손에 쥔 10개의 구 발행 교자가 만기가 되면 겨우 2개의 새 돈으로 교환할 수 있는 것이다. 실제 지폐의 가치가 액면가의 20%밖에 안 되자 결국 교자는 시장에서 폐기물 취급을 받게 되었고, 송나라 역시 역사의 뒤안길로 사라지고 원元나라의 시대가 도래하게 되었다.

지폐에 미친 원나라, 통화 남발로 자멸하다

1276년, 몽골군이 린안臨安(현 항저우)을 점령한 뒤 송나라는 멸망했다. 하지만 몽골족이 이끄는 원나라 역시 지폐의 편리함을 인정하고, 송나라의 멸망을 교훈으로 삼기는커녕, 지폐를 법정 화폐로 지정해 더욱 극단적인 화폐 정책을 펴기 시작했다. 원나라가 지폐를 채택한 것은 백성의 편의를 위해서가 아니었다. 지폐의 비용이 저렴하고 대량 발행이 편리한 이점을 활용해 군비를 늘려 세계 정복의 꿈을 실현하기 위함이었다.

원나라는 송나라가 남긴 인플레이션 효과에 대한 교훈을 완전히 잊어버렸다. 송의 전철을 밟듯, 지폐를 과도하게 발행해 인플레이션이 극심했고, 지폐에 대한 신뢰는 당연히 추락했다.

지폐 발행에 큰 실패를 겪자, 원나라 조정에서는 더욱 어리석은 정책을 추진하기 시작했다. 이름하여 '변조變鈔', 바로 돈을 교환하는 것이다.

원나라 조정이 제안한 '화폐 교환' 정책은 이전에 사용하던 지폐를 폐지하고 새 지폐를 발행하는 방법이다. 백성들이 가지고 있는 헌 지폐를 매우 낮은 비율로 새 지폐로 교환하는 것이다. 100관짜리 구 지폐를 새 지폐 1관으로 교환하는 것이었는데, 이는 노골적으로 백성을 약탈하는 것과 다름이 없었기에 원나라가 통치하던 백 년 동안 백성들의 원성은 들끓었다.

꼬리를 무는 역사

1309년, 원나라 조정은 그동안 통용하던 '지원초至元钞'와 '중통초 中统钞'를 폐지하고 새로운 화폐인 '지대은초至大银钞'를 발행하며 화 폐 개혁을 단행했다. 공식 규정에 따르면, 헌 돈인 지원초 5관은 새 로운 지대은초 1관, 중통초 10관은 1관으로 바꾸게 했다.

1350년, 원나라 조정에서는 다시 화폐 개혁을 단행하여 '지정교초 至正交钞'를 발행했고, 환전 비율을 또 낮췄다. 하지만 백성들은 더 이 상 참지 못하고 탐욕스러운 원나라 조정에 대항하기 위해 잇따라 봉기를 일으켰다.

이로부터 18년 후, 원나라 순제順帝는 그들의 발원지인 몽골로 도망 침으로써 결국 원나라는 멸망하고 말았다.

금단의 유혹

전철을 밟은 어리석은 황제들

지폐는 원래 시대를 앞서나간 초유의 발명품이었지만, 너무도 앞서간 탓에 당시에는 이를 영리한 통화정책으로 다룰 수 있는 국가가 부재했다. 송나라와 원나라 모두 결국 불장난 같은 대량의 화폐 발행으로 인해 타오르는 지폐의 불꽃 속에서 연기처럼 사라지고 말았다.

명나라의 태조太祖 주원장朱元璋은 원나라 멸망의 중요한 이유 중 하나가 화폐 개혁Currency reform이라는 것을 잘 알고 있었다. 주원장은 농민 출신으로 원나라 화폐 개혁의 직접적인 피해자이기도 했다. 그래서 그는 결코 원나라 화폐 개혁의 전철을 밟지 않으리라 마음속으로 굳게 다짐했다.

그러나 대량으로 화폐를 발행하는 치명적인 금단의 유혹을 뿌리치기는 쉽지 않았다. 눈앞의 문제를 처리하는 데 지폐를 찍어내는 일은 너무나 쉽고 빠른 해결책이었다. 주원장은 결국 이러한 쾌감과 유혹에 두 손을 들고 말았다.

주원장이 즉위한 지 7년 후인 1375년, 결국 명나라의 지폐인 대명보초大明宝钞를 발행하였다. 주원장은 송나라와 원나라의 지폐와는 다른, 안정성과 신뢰성을 보장한다는 점을 강조하기 위해 "오직 대명보초만이 명나라에서 유일하게 통용되는 지폐이며, 앞으로 새로운 지폐는 발행하지 않겠다."고 명확히 규정했다. 다시 말해, 주원장은 온 백성 앞에서 다시는 화폐 개혁을 단행하지 않겠노라고 공식적으로 선언한 것이다.

전면적으로 화폐 개혁을 시행한 후, 주원장은 지폐의 이점을 다시 한 번 확인했다. 단지 잉크를 조금 만들어 종이에 인쇄하기만 하면 바로 거리로 나가 물건을 살 수 있으며, 하룻밤 사이에도 부를 이룰 수 있었다.

지폐의 가치를 보존하기 위해 명나라는 대명보초를 어떠한 금속 화폐로도 교환할 수 없다고 규정했다. 특히 민간 무역에서는 금이나 은을 화폐 대신 사용하여 거래하는 것을 엄격히 금지했으며, 이를 위반한 자는 중벌에 처했다.

하지만 이미 원나라의 화폐 개혁에 질리도록 당했던 백성들은 자연스레 지폐에 대한 두려움과 거부감을 가지고 있었다. 사실 백성들은 휴지 조각이 될 염려가 없는 금과 은을 더 선호했다.

명나라 조정에서는 화폐를 과도하게 발행하지 않겠다고 약속했지만, 이 약속은 오래 가지 않았다. 언급했던 바와 다르게 당국은 계속해서 돈을 찍어내고 있었다. 유통되는 지폐의 양은 점점 많아지고, 화폐 구매력은 급격히 감소하기 시작해 결국 화폐의 가치는 빠르게 하향곡선을 그리게 되었다. 위에서 정책을 논하면, 아랫사람들은 언제 실패할지 모르는 정책에 대비해 대책을 수립해야 한다는 것을 이미 잘 알고 있었다. 그래서 백성들은 겉으로는 정책을 받아들이는 척하였지만, 실제로는 은을 더 많이 저장했고, 또 사용하기를 원했다. 결국 명나라 시기에는 지폐와 은을 병행하여 사용했고, 조정에서 아무리 은 거래를 엄격히 금지해도 백성들은 자신들의 고집을 꺾지 않았다.

이런 현상에 주원장은 더욱 강경한 태도로 지폐 사용을 고집했다. '은 거래 금지'에 대한 처벌을 강화해 백성들과 오랜 시간 실랑이를 벌이기도 했다. 하지만 조정의 단호한 정책과 태도로도 대명보초에 대한 가치 하락은 막을 길이 없었다. 끊임없이 돈을 찍어내고 있었기 때문이다.

1375년 발행 초기, 대명보초 1관은 1,000문의 동으로 주조한 화폐와 같았다. 그러나 수십 년 후, 대명보초 1관은 동전 1문의 가치와 동일했다. 즉, 지폐가 원래의 1/1000 수준으로 폭락한 것이다.

지폐의 과잉 발행과 화폐 가치 하락으로 인한 피해자는 백성뿐만이 아니었다. 조정 관리들도 급격히 가치가 떨어지는 지폐로 인해 큰 피해를 입어야 했다. 은과 관련된 거래 금지 정책은 수도 없이 제정되었으나 실효성은 거의 상실되었다. 관료들 역시 피해자인 탓에 평가절하된 지폐 사용을 꺼렸기 때문이다. 결국 마지막에는 주원장 혼자 대명보초를 고집하고 있는 꼴이 되고 말았다. 물론 주원장은 끝까지 자신이 했던 약속은 지켰다. 비록 화폐를 과도하게 발행하긴 했지만, 화폐 개혁을 단행하진 않은 것이다. 그러나 그의 후손들은 이 약속에 대한 책임 의식이 없었다.

판도라의 상자가 열리면 일은 걷잡을 수 없이 커지게 마련이다. 주원장의 뒤를 이은 이후의 황제들은 즉위 후 즉시 옛 화폐를 폐지하고 새로운 화폐를 발행했다. 전임 황제의 승하昇遐는 곧 '화폐의 효력 상실'을 의

미했다. 후임 황제는 어김 없이 새 화폐 발행을 선언하여 명나라 상인 중에는 새로운 황제가 즉위할 때마다 하루아침에 재산을 잃고 자살하는 비극이 발생했다는 이야기도 전해졌다. 재력가들이 하룻밤 사이에 그 많던 재산을 잃게 되니 망연자실할 수밖에 없는 건 당연지사다.

이로 인해 황제가 승하할 때마다, 황제가 바뀔 때마다 기이한 소비 현상이 발생했다. 새 황제가 즉위하기 직전까지 수중의 돈을 열심히 써서 소진하는 것이다. 결국 이러한 현상은 매우 어처구니없는 결과를 낳았다. 구 황제가 발행한 돈의 효력이 상실될 때까지 폭탄 돌리기 게임을 하다 새로운 황제가 화폐 개혁을 선언할 때, 구권을 들고 있는 사람에게 전해진 이 폭탄이 '펑' 하고 터지며 최후의 희생자가 되는 것이었다.

꼬리를 무는 역사

1521년, 명나라 세종 가정제世宗 嘉靖帝가 즉위했다. 젊은 혈기가 왕성했던 가정제는 자신이 나라를 다시 장악하기를 간절히 바라는 마음에 선대 황제들과 마찬가지로 화폐 개혁을 단행했다. 자신의 권력이라면 온 백성이 옛 화폐를 포기하고 기쁜 마음으로 자신이 발행한 새 화폐를 받아들일 것이라 기대했다. 하지만 일은 뜻대로 되지 않았다. 상인들은 후안무치의 젊은 황제를 받아들일 생각이 추호도 없었다. 그들은 거슬러 올라가 400여 년 전 송대의 동전을 사용하기 시작했고, 가정제가 발행한 새 화폐를 사용하지 않았다.

화폐는 국가의 신용도를 반영한다. 명나라의 신용은 이미 땅에 떨어진 지 오래고, 나라 경제가 무너질 날도 멀지 않았다. 물론, 이는 왕조의 교체가 멀지 않았음을 의미한다.

해금(海禁) 정책

아둔한 황제가 걸어 잠근 바닷길

―――

명나라의 태조 주원장은 근면 성실하긴 하나 안정감을 주지 못하는 황제다.

그는 즉위 후 여러 차례 해상 금지령을 내리고, 각 지역의 선박회사를 철수시켰다.

타국의 선박이 항구에 진입하는 것을 막았고, 민간에서 행해지는 어떠한

해상 무역도 금지했다. 이를 위반할 경우 최고 교수형에 처하기도 했다.

다소 우매해 보이는 이 정책은 본래 주원장의 정치적 숙적인 장사성张士诚

때문이었다. 가난한 집안에서 태어난 장사성은 소금을 운반하던 공인 출신으로,

형편이 좋지 않은 초기에는 밀수 소금을 팔아 생계를 이었다.

하지만 소금을 관장하던 관리들의 압박을 견디지 못한 그는 소금 장사꾼들

18인을 동원해 원나라에 맞서 반란을 일으켰고, 1354년 고우高邮에 나라를 세우고

평강平江(현 쑤저우)을 수도로 삼은 뒤, 국호 대주大周의 성왕誠王에 올랐다.

―――

　주원장은 명나라 건국을 위해 반란 세력 중 하나인 진우량陳友諒을 제거한 뒤, 대주의 도읍인 평강을 공격하며 장사성에게 항복을 권유했다. 그러나 장사성은 끝까지 버텨 싸우며 1년간의 치열한 전투를 벌였다. 결국 탄약과 식량이 바닥난 장사성은 포로로 잡혀 자살했지만, 장사성의 잔여 세력은 포위망을 뚫는 데 성공하여 바다로 도망쳤다. 주원장은 장사성 부대의 전투력이 매우 강하다는 것을 익히 알고 있었다. 따라서 그들이 상선으로 위장해 침입하는 것에 대한 철저한 대비가 필요했다. 주원장은 결국 장사성의 잔여 세력을 차단하기 위해 해상 봉쇄 정책인 '해금 정책'의 시행을 결정했다. 바다를 차단함으로써 장사성의 잔당이

내륙과 연결되는 것을 막고, 반란 세력의 물자 보급선을 끊어 완전히 고립시키기로 한 것이다.

이 정책을 시행함으로써 명나라의 안위는 더 이상 걱정할 필요가 없어졌지만, 해상 무역과 어업에 종사하는 주민들, 특히 대대로 바다에 의존하여 생계를 이어오던 푸젠 지역의 어부들은 이 정책 하나로 모든 것을 송두리째 잃었다.

만약 해상 봉쇄령이 주원장의 일시적인 정책이었다면, 후임 황제는 이를 조정하고 변경할 수 있었을 것이다. 그러나 주원장은 하필 이것을 조상의 가르침으로 못박아 버리고, 후대 명나라 황제들은 무조건 이를 따르고 준수해야 한다고 엄명했다.

이로 인해 중국의 해상 무역은 갑자기 중단되었고, 번창하던 해운 사업은 쇠퇴일로의 국면으로 접어들었다. 바다를 통해 할 수 있는 일은 정화의 대원정과 같은 공식 외교활동만 허용되며, 민간 부문의 바닷길 진출은 완전히 금지되었다. 그러나 정화의 대원정은 명나라에 실질적인 수익을 가져다주지 못했을 뿐만 아니라, 국고의 바닥을 쓸어버렸다.

해금령이 초래한 뜻밖의 결과

비록 해상 봉쇄령을 수차례 하달했지만, 생존이 걸린 백성들은 바다로 나설 수밖에 없었다. 이에 따라 불법 해상 무역인 밀무역이 폭발적으로 증가했고, 과거 합법적으로 이루어졌던 무역은 마치 스파이 활동처럼 음지에서 행해지도록 변모했다.

해상 무역이 금지된 이상 바다의 치안 유지를 위한 군인은 더 이상 필요가 없었다. 따라서 명나라 조정에서는 일상적인 치안 유지에 필요한 해군만 남기고, 함선의 숫자 또한 대폭 줄였다. 이는 긴 해안선을 순찰하고 방어하기에는 충분하지 않은 수였다. 그러나 다행히도 이러한 허점 덕분에 밀수 활동은 완전히 근절되지 않았고, 백성들은 간신히 생계를 유지할 수 있었다.

당시 일본의 해적이라 불리는 왜구는 중국의 동남쪽 해안 전체에 퍼져 있었다. 왜구는 글자 그대로 '일본의 해적'이라는 뜻이지만, 사실 대부분은 일본인이 아닌 곤경에 처한 연안의 명나라 백성들이었다. 그들의 면면을 살펴보면 오히려 측은함이 보인다. 관직 한 자리 얻어 보지 못한 인재나 파산한 상인, 관청에서 해고된 관리, 굶주린 농민, 스님, 도망자들이 왜구의 실제 구성원들이었다. 물론, 그 안에는 직업적인 밀수범과 해적도 있었겠지만, 그들 대부분은 극악무도한 사람들이 아닌 그저 하루 벌어 하루 먹고살아야 하는 백성일 뿐이었다. 그럼에도 조정은 그들의 면면을 살피지 않고, 그저 숙청하는 것에만 혈안이 되어 있었다. 하지만 살기 위해 싸우는 이들의 힘은 상상을 초월했고, 명 조정은 대책 없이 무너지고 말았다.

상인이 곧 도적이 되고, 도적이 다시 상인이 되는 상황에서 선과 악의 경계는 모호했다. 만약 안빈낙도의 삶이 보장된다면 누가 왜구라는 오명을 뒤집어쓰고 살고 싶겠는가? 그들 대부분은 조용히 생업을 꾸리고 싶을 뿐이었다. 조정에 추포 당하는 위험을 무릅쓰면서까지 생계를 꾸리기를 원치는 않았다.

그렇다면 이들은 생명의 위험을 무릅쓰고 도대체 어떤 상품을 거래했던 것일까? 바로 '은'이다.

명나라 상인들은 이미 대명보초에 대한 신뢰를 잃었고, 민간에서 통화로 사용되는 은을 대량으로 들여와야 했다. 민간에서는 '은본위제'가 자리 잡았고, 중국 본토에서 생산되는 은은 매우 적어 해외 무역을 통해서만 충당할 수 있었다.

일본은 명나라와 거리가 가까울뿐만 아니라 은 광산이 많아 채굴되는 은도 풍부했기에 '은의 섬'이라고 불렸다. 명대의 학자 정약중이 편찬한 『추해도편』에는 다음과 같은 기록이 있다.

"일본은 오직 은으로 물건을 구매하려 하지만, 서방 오랑캐들은
물건을 싣고 와서 교환을 한다."

이 말은 곧, 일본은 중국에서 물건을 사고 싶으면 반드시 은으로 결제를 했다는 것이다.

꼬리를 무는 역사

해금령 이후 명나라에는 매우 기이한 현상이 포착되었다. 해상 밀수꾼들이 국내의 차, 비단, 도자기를 일본으로 밀수출하여 대금을 은으로 받고, 차 생산업체 등은 그 은으로 세금을 납부하여 명나라 국고에 쌓여가기 시작했다. 그렇게 벌어들인 은으로 명나라는 군대를 부양하고, 군대는 밀수에 연루된 왜구를 토벌했다.

하지만 일본의 은 생산량은 결국 한계가 있었다. 명나라의 은 수요를 완전히 충족시킬 수 없는 데다가 일본도 대량의 은이 명으로 유출되는 것을 감지하고 은 수출을 제한하기 시작한 것이다. 은 수급에 제한이 생기자 명나라의 산업과 상업, 민간 경제 발전은 심각하게 저해되었다.

범선 무역

유럽과 중국의 무력 충돌

———

유럽의 미식가들은 더 맛있는 음식과 향신료를 찾기 위해 대항해 시대를 촉진했다. 탐험가들은 앞다투어 신비로운 동방을 찾아 떠났고, 그 과정에는 수많은 위험이 도사리고 있었다.
탐험가 중 일부는 병으로 사망하고, 일부는 도중에 실종되거나 조난당할 정도로 항해는 예상한 것보다 훨씬 더 위험천만했다. 길을 잘못 들어선 콜럼버스가 우연히 아메리카 대륙을 발견한 것처럼 바다는 언제나 예측을 벗어났기 때문이다.

———

물론, 향신료의 원산지를 찾은 함대도 있었다. 스페인 왕실의 지원을 받은 포르투갈인 페르디난드 마젤란Ferdinand Magellan이 이끄는 함대도 그중 하나이다. 마젤란이 사망한 후 그의 부하들이 이끄는 선단은 1521년 말루쿠 제도에 입항했다. 말루쿠 제도는 정향, 육두구, 후추 등의 최고급 향신료가 풍부한 곳이다. 인도, 중국, 아랍 상인들은 이곳을 '향신료 군도'라고 부르며 오랫동안 무역을 이어왔다.

스페인은 이곳에 무역을 위한 거점 기지를 구축하려 했으나 이미 앞서 도착한 포르투갈과 충돌을 해야만 했다. 막강한 포르투갈과의 전투에서 스페인은 맥을 못 췄고, 여러 번의 시도를 했지만 모든 노력은 수포가 되었다. 하지만 스페인은 '언젠가 반드시 되찾겠다'는 설욕의 꿈을 안은 채 40여 년이 지난 뒤, 다시 향신료 군도를 점령하기 위해 출발했다. 그들은 완전 무장을 한 5척의 범선과 수천 명에 달하는 인원을 파견했다. 이 함대를 이끄는 선장의 이름은 미구엘 로페스 데 레가스피

Miguel Lopez De Legazpi다.

스페인, 중국 무역에 눈을 뜨다

스페인의 레가스피 원정대는 먼저 필리핀의 세부에 도착해 캠프를
마련하고 휴식을 취했다. 그러나 발 빠른 포르투갈은 이미 이 소식을
간파하고 작은 부대를 파견해 스페인 함대를 괴롭히기 시작했다. 포르
투갈의 목표는 스페인군이 지쳐서 스스로 포기하도록 하는 것이었다.
하지만 레가스피는 이러한 포르투갈의 방해 공작을 미리 예상하고 있
었다. 그는 향신료 제도를 점령하기 위해 '동쪽에서 소리를 지르고 서쪽
을 친다.'라는 '성동격서聲東擊西' 작전을 폈다. 한편으로는 포르투갈인
의 시선을 잡아두고, 다른 한편으로는 직접 돌격대를 이끌고 조용히 향
신료 제도에 접근하여 공격한 것이다.

돌격대 대원들은 모두 뛰어난 인재들로, 그중에는 스페인 군인 100
명과 50명 이상의 현지 가이드가 포함되어 있었다. 레가스피는 상대가
생각지도 못한 틈을 타 향신료 제도에 접근하여 섬을 탈환하려 했다.
돌격대는 북쪽을 향해 빠른 속도로 항해하여 다음 날 향신료 제도와 매
우 가까운 민도로섬Mindoro(필리핀에서 일곱 번째로 큰 섬)에 도착했다. 이
곳에서 잠시 쉬면서 보급품을 구매할 계획이었다. 그런데 뜻밖의 소식
이 들려왔다. 이곳에 명나라의 무역 함대가 와 있다는 것이었다. 스페
인 사람들은 오직 마르코 폴로의 책에만 등장하는 신비한 동양인들을
실제로 본 적이 없었다. 소문에 따르면 그곳에서 생산된 비단과 도자기

188

는 매우 정교해 유럽에서도 최고급 물품으로 꼽힌다는 것이다.

그렇다면 명나라의 무역 선단은 과연 여기서 무엇을 하고 있었을까? 알고 보니 이들은 매년 계절풍을 따라 필리핀을 왕래했으며, 가장 자주 들르는 곳이 민도로섬이었다. 이곳은 명나라와 가까워 그들이 배에 싣고 온 도자기와 비단, 향신료 등의 상품을 필리핀의 금과 밀랍 등의 물품과 교환할 수 있었다. 명나라 상선이 올 때마다 현지 사람들은 사방에서 모여들어 소장한 금과 은을 꺼내 거래를 시작했다.

레가스피는 중국인들이 거래하는 비단과 도자기, 차와 향신료 등이 모두 스페인에서 가장 인기 있는 물건이라는 것을 알았다. 이 물품들을 들여오면 스페인에서 엄청난 수익을 낼 수 있으리라 생각했다.

레가스피는 일단 행동에 나섰다. 그는 먼저 두 척의 작은 범선에 부하들을 태워 명나라 상인을 만나러 보냈다. 목적은 안면을 터서 협력 의지를 표현하고 무역 관계를 구축하는 것이었다. 레가스피는 대원들이 출발하기 전, 그들에게 명나라는 동방예의지국이니 절대 경솔히 행동해서는 안 된다고 신신당부했다. 그들은 밤새 이동해 동이 트기 전, 민도로섬에 정박해 있는 명나라의 대형 범선을 발견했다.

그런데 생각지도 못한 일이 발생했다. 스페인의 작은 범선이 나타나자마자 명나라 상인들은 이들을 약탈을 노린 해적이라고 여겨, 무기를 들고 징과 북을 두드려댄 것이다. 그들은 일제히 함성을 지르며 결사 항전의 자세를 취했다.

스페인 선원들의 얼굴에서는 미소가 사라졌다. 스페인 선원들은 훈련된 해군이었고, 당시 스페인의 무적함대를 상대할 나라는 포르투갈 빼고는 없었다. 친화를 위해 접근했지만 명나라의 호전적 대응에 스페인 선원들은 전투태세로 돌변했다. 명나라 상인들은 단지 겁을 주려는 목적이었지만 예상 외로 전투는 상당히 격렬해지고 말았다. 화력이 강한 활강총으로 무장한 스페인 선원들은 이내 명나라 상선에 올라 상인의 절반을 살해했다. 운 좋게 살아난 상인들은 목숨이라도 구하자는 심정으로 갑판에 무릎을 꿇어야만했다.

전쟁에 능숙하지 않은 것이 상인들의 잘못은 아니다. 하지만 시작할 때는 당당하게 허세를 부리다가 끝에는 목숨을 구걸하는 구차한 모습에 스페인 선원들은 중국 상인들을 하찮은 존재로 보게 되었다. 이러한 첫인상은 서양 열강이 중국을 깔보는 계기가 되었으며, 이후 벌어질 마닐라 중국인 대학살의 복선이 되었다.

레가스피가 현장에 도착했을 때는 이미 전투가 모두 끝난 뒤였다. 레가스피는 스페인 선원들의 무모한 행동에 매우 화가 났다. 이는 그가 줄곧 주장해 온 우호적인 협상의 원칙에 어긋났기 때문이다. 그는 살아남은 명나라 상인들에게 사과하며 그들을 모두 석방했다.

명나라의 범선 두 척 중 한 척은 완전히 파괴되었고, 다른 한 척도 심각한 손상을 입었다. 당시 명나라의 범선은 매우 크고 넓어 유럽의 함선과는 완전히 다른 구조를 지니고 있었다. 그렇기에 스페인 선단 중 누구도 이 큰 범선을 수리하기는 버거웠다. 레가스피는 진심 어린 사과의 표시로 명나라 범선을 끌고 주둔지까지 이동해 수리한 후, 화해의 손을 내밀었다. 이후 이들은 다음 해에 다시 이곳에서 무역을 하기로 약속했다.

전투로 시작된 관계였지만, 이 일은 새로운 무역의 길을 여는 계기가 되었다.

조심스러운 첫 거래 : 스페인과 중국의 범선 무역

스페인 사람들은 명나라 상인과의 무역에 큰 기대를 걸었지만 아쉽게도 막상 거래를 제안할 만한 자국의 마땅한 상품을 찾지 못했다. 당시 대명 왕조가 세계에 남긴 인상은 매우 강하고 부유했기에 상대적으로 낙후된 유럽은 압도적인 국력 앞에 초라함을 느껴야 했다.

스페인 사람들은 문득 지난번 사건을 떠올렸다. 당시 명나라 상인들이 '은'에 관심을 보였던 것이 생각난 것이다. 은을 가지고 가면 원활한 거래가 성사되어 비단과 도자기를 살 수 있을 것 같았다.

명나라 상인들도 비슷한 고민에 휩싸였다. 스페인과는 첫 거래라 그들이 어떤 것을 좋아할지 확신할 수 없었다. 명나라 상인들은 큰 고심 끝에 범선 3척에 비단, 차, 도자기 등의 전통적인 무역 물품을 가득 실었다.

약속한 해에 명나라 상선 3척이 필리핀에 나타났다. 스페인 사람들은 명나라 상선이 싣고 온 정교한 상품에 매우 만족하여, 선적해 온 상품을 전량 구매했다. 명나라 상인 역시 배에 한가득 실린 은을 보고 기뿜을 감출 수 없었다. 이들의 첫 거래는 매우 성공적이었다. 명나라 상인들은 범선 3척의 상품을 모두 팔고 스페인 은화를 가득 실은 뒤 귀환했다. 이번 무역에서 벌어들인 은화면 싣고 왔던 물품의 5배를 다시 구매할 수 있을 정도였다.

스페인 사람들도 들떠 있었다. 그들은 자신들에게 별 쓸모가 없었던 은으로 귀한 비단과 도자기를 살 수 있을 것이라고는 상상도 못 했기 때문이다.

당시 유럽에서는 금본위제가 시행되고 있어서, 주요 통화는 금이었다. 은은 단지 부차적인 보충 화폐였을 뿐이다. 그때부터 점점 더 많은 명나라 상선이 필리핀을 향해 출항했고, 스페인 사람들과의 무역은 더욱 활기를 띠었다. 비단, 도자기, 차를 가득 싣고 온 범선은 떠날 때는 은이 가득 실려 있었다.

이것이 진정한 Win-Win 무역의 모델이며, 바로 세계적으로 유명한 '범선 무역'이다.

꼬리를 무는 역사

이 무역이 성사되기 이전에 대명 왕조에서 통용된 은은 거의 모두 일본에서 수급하였다. 그러나 일본에서 수급할 수 있는 은의 양은 매우 제한적이었다. 은 부족 현상은 명나라의 경제 발전을 심각하게 제약해 오던 터였다. 역사는 바로 이렇게 우연의 일치로 이루어진다. 명나라가 은 부족 현상에 시달릴 때, 먹거리를 찾아 헤매던 스페인 함대가 이 빈자리를 제때 메워준 것이다. 이때부터 스페인의 은은 끊임없이 중국으로 흘러가 대명 왕조의 은 부족 현상을 보완할 수 있었다. 이를 통해 명나라 말기 백성들은 잠시나마 경제적 번영기를 누리게 되었다.

세계 최대 은광
포토시(Potosí)

양치기 소년, 명나라를 구하다

———

화폐는 경제학에 있어 중요한 구성 요소 중 하나다. 한 국가에서 발행한 화폐가 너무 많아 통화량이 팽창되면 인플레이션 현상이 발생한다.

앞에서 말한 송나라, 원나라는 모두 과도하게 화폐를 발행해 물가 급등과 함께 화폐의 가치 하락이 동반됐다. 결국 명나라 화폐 '대명보초'의 남발은 백성들에게 버림받는 결과를 초래했다.

———

지폐의 가치 하락으로 명나라 말기 백성들은 은을 화폐로 사용하기 시작했지만, 은 채굴량은 턱없이 부족했고, 일본으로부터 수급하는 은의 공급량은 제한적인 탓에 이번에는 화폐 부족 현상이 발생하게 되었다. 즉, 경제학에서 일컫는 공급 부족이 빚어낸 '디플레이션 현상'이 나타난 것이다. 통화량이 너무 많아 발생하는 '인플레이션'도 좋지 않지만, 너무 부족해 발생하는 '디플레이션'은 경제를 더욱 악화시킨다. 인플레이션은 물가의 급등을 초래하고, 디플레이션은 상업의 부진을 초래하기 때문이다. 따라서 각 나라는 매우 조심스럽게 통화량을 조정 관리하며, 이것은 곧 한 나라 중앙은행의 전문성 수준을 대표한다.

다행히 스페인의 함대는 의도치 않게 명나라에 대량의 은을 공급해 주었고, 이를 통해 명나라의 은자 부족 문제는 일시적으로 해결되었다. 스페인 은의 유입으로 대명 말기 경제는 한동안 활력을 되찾을 수 있었다.

그렇다면 스페인은 이 많은 은을 어디서 채굴할 수 있었을까? 이는 우연한 계기로 촉발되었다. 인디언 목동 소년이 그 주인공이다.

1545년 4월의 어느 날, 디에고 후알파Diego Huallpa라는 인디언 목동은 볼리비아 남단의 해발 3,600미터가 넘는 안데스산맥 고원에서 잃어버린 양을 찾기 위해 헤매고 있었다. 그에게는 평상시 늘 해오던 평범한 일이었지만, 이날 그의 행동은 멀리 떨어진 대명 왕조의 운명에 지대한 영향을 미치게 된다.

후알파는 산등성이를 지나던 중 발을 헛디뎌 넘어졌다. 순간 본능적으로 작은 나무 한 그루를 움켜잡았는데, 너무 강하게 움켜쥐는 바람에 작은 나무가 뿌리째 뽑혀 버렸다. 깜짝 놀란 후알파가 그 자리를 살펴보니 뿌리가 뒤집힌 흙더미에서 주변 색과 다르게 유난히 반짝이는 돌덩이가 눈에 들어왔다. 자세히 살펴보니 은색의 금속 광석이었다. 직감적으로 그는 이것이 '백은'일지도 모른다는 생각이 들었다. 그의 생각은 정확히 들어맞았다. 후알파가 넘어진 바로 그곳은 바로 당시 세계 최대 규모의 고순도 은광이었다. 당시 채굴되던 일반 은광석의 은 함량은 일반적으로 약 5%에 지나지 않았으나, 이 은광석의 은 함량은 무려 50%에 달했다.

목동의 우연한 발견은 스페인의 열정을 불태우기에 충분했다. 스페인 상인들은 큰돈을 만질 기회를 잡았다며 안데스산맥에서 은을 찾기 시작했다. 초기 스페인의 은 제련법은 고온 제련 방식이었다. 이 방법은 광석을 높은 온도로 가열하여 은을 분리하는 것인데, 이곳의 광석은 워낙 고순도였던 탓에 고온에는 상당량의 은이 증발해 버렸다. 그래서 그들은 원주민이 사용하던 저온 제련 기술을 배우기 시작했다. 스페인의 전통적인 고온 제련 방식과 달리, 원주민들은 건초와 라마의 배설물을 연료로 사용해 불을 지폈고, 이를 통해 오랜 시간 동안 낮은 온도를 유지하면서 은을 서서히 추출했다. 이 방법을 통해 불필요한 은의 증발을 막을 수 있었고, 더욱 효과적으로 은을 채굴할 수 있게 되었다.

은광이 발견되기 전 황량했던 땅은 은을 찾아온 사람들로 북적이기 시작했다. 그리고 어느새 번화한 도시로 변모했는데, 이곳이 바로 '포토시Potosí'이다.

포토시 은광이 발견된 후 스페인 사람들과 인디언들은 해발 4,000미의 황량한 고원지대로 몰려들었다. 그리고 채 4년도 지나지 않아 이곳은 스페인 전체 은 생산량의 두 배를 채굴하는 최고의 은광 지역이 되었다. 아무도 거들떠보지 않던 작은 마을이 인류역사상 최단 시간에 최대의 인구가 집결된 거대 도시로 변모한 것이다. 볼리비아의 포토시는 스페인으로부터 '제국의 도시imperial city'라고 불릴 정도로 하룻밤 사이 그 명성은 절정에 달했다.

최절정기의 포토시 인구는 약 20만 명에 달했는데 이는 당시 런던, 암스테르담과 같은 도시 규모와 거의 비슷한 수준이다. 해발 4,000미터의 포토시는 한때 세계에서 가장 높고 부유하며, 세계에서 가장 무서운 곳으로 이름나기도 했다.

은광석 하나하나에는 정복자들의 탐욕과 욕망, 그리고 광부들의 피눈물이 스며 있다. 스페인 식민 통치자들은 원주민들을 강제로 징용해 수백 미터 아래의 깊은 구덩이에 몰아넣은 뒤 은광석을 채굴하도록 종용했다. 은광석 채굴을 위해 땅속으로 내려간 광부는 보통 몇 시간씩 머물러야 했기에, 지상으로 돌아오면 질식 직전의 상태가 되었다. 끝이 보이지 않는 깊은 광산에는 대량의 은 증기가 가득했기 때문이다. 그들의 폐는 대부분 심각한 손상을 입었고, 많은 사람이 깊이를 가늠할 수 없는 은광에서 사망했다.

스페인 통치 기간인 16세기 중반부터 19세기까지 300여 년의 시간 동안 포토시 광산에서 800만 명이 넘는 사망자가 발생한 것으로 집계되었다. 이런 탓에 포토시 광산의 다른 이름은 '지옥의 입구'라고도 불린다. 수많은 사람의 생명으로 300여 년 동안 포토시는 총 2만 5천 톤의 은을 생산해 스페인 정복자들에게 막대한 부를 안겨 주었다.

꼬리를 무는 역사

스페인은 포토시에 '왕립 조폐국 지부'를 설립하였고, 광산에서 채굴한 은은 스페인 은화로 가공되어 스페인으로 운송된 후 끊임없이 명나라로 흘러 들어갔다.

비록 스페인으로의 은의 유입은 명나라의 디플레이션 문제를 일시적으로 완화했지만, 화폐를 발행한 중앙은행은 명나라 내부가 아닌 스페인에 있었기에, 통화량을 적정수준으로 조정할 수는 없었다. 결국 명나라의 경제는 점점 더 외국 은에 의존하게 되었고, 은 공급량이 변동될 때마다 심각한 경제 위기를 겪어야만 했다. 결국 대명 왕조의 운명은 여전히 '다모클레스의 칼Sword of Damocles' 아래 놓인 것처럼 풍전등화의 위험에 직면해 있었다.

제5장

은이 촉발한 디플레이션 위기

"인플레이션은 불공정하고, 디플레이션은 부적절하다.
이 중에 디플레이션이 더 나쁘다."

**영국의 경제학자,
존 메이너드 케인스(John Maynard Keynes)**

조공 바치기 게임

영락제의 허영심이 빚어낸 생색내기 프로젝트

인간은 일생을 살아가며 '안정감과 정체성' 두 가지를 찾기 위해 노력한다.
성인지 감수성Gender sensitivity이 떨어지는 발언이라 볼 수 있지만,
일반적으로 남성은 정체성을 찾는 경향이 있는 반면, 여성은 안정감을 찾는
경향이 있다. 그런데 안타깝게도 한 나라의 황제였던 영락제 주체는
이 두 가지 모두 결핍된 사람이었다.

조카 건문제의 생사를 확인하지 못한 현실은 영락제에게 안정감을 주지 못했고, 그가 권토중래할까 봐 두려운 나머지 일곱 차례나 정화를 서양으로 파견해 그의 종적을 찾았다.

또한 영락제는 세계 각국의 왕조와 사신들이 알현하는 것으로 인정 욕구를 채우며 자신의 정체성을 찾고자 했다. 투자 대비 손익을 전혀 계산하지 않고, 사신단이 가져온 물건에 대해 높은 수준의 보상을 해 주는 명나라의 태도에 수많은 나라의 사신단의 발길이 끊이지 않았고, 주변의 작은 나라들은 이를 새로운 돈벌이로 받아들였다. 명나라 황제에게 절을 올리기만 해도 무조건 수익이 생기는 것이었다.

영락제가 제정한 조공 제도에 따르면 사신단이 인삼, 상아 등의 특산물을 가져오든 기괴한 항아리나 돌멩이를 가져오든 대명 왕조는 그 답례를 몇 배나 쳐주었다. 보통 은자와 사기, 비단을 조공으로 가져오면

그 양의 5~10배로 돌려주었다.

영락제는 이러한 사신단의 행렬에서 자신의 정체성을 찾았고, 명나라의 백성들은 황제의 인정 욕구를 충족시키기 위해 고혈을 짜내야 했다. 주변 소국들은 이것이 부자가 되는 좋은 기회라는 것을 깨닫고 잇달아 명나라에 조공을 바치기 위한 사신단을 꾸렸다. 이에 차마 웃지 못할 에피소드도 많이 생겨났는데, 조공을 차지하기 위해 주먹다짐을 벌이는 일도 있었다.

1523년, 일본의 양대 명가인 호소카와細川 가문과 오우치大内 가문이 동시에 사절단을 보내 통교할 것을 청했다. 원래대로 라면 함께 'Win-Win 전략'을 펼칠 수도 있었지만, 양측 모두 상대와 이득을 나눠 갖는 것을 원치 않았다. 결국 두 가문은 닝보宁波(영파)에 상륙한 뒤 무력 충돌을 일으켰고, 다수의 사상자가 발생한 이 사건은 역사적으로 유명한 '영파의 난'으로 기록되었다.

조공으로 벌어들이는 수익에 중독된 작은 나라들도 있었는데, 왕래가 너무 잦아 입이 떡 벌어질 정도의 수익을 얻었다. 그중 몽골은 조공이 너무 잦은 나머지 명나라 조정이 도저히 감당할 수 없으니 방문 횟수를 줄여달라고 요청하기까지 했다. 그러나 이 요청에 화가 난 몽골은 부대를 이끌고 거의 협박하다시피 답례를 받으러 왔다. 명나라는 이처럼 종국에는 수많은 나라의 조공을 어쩔 수 없이 받아들여야 했고, 재력에도 한계가 오기 시작했다. 재무대신은 국고의 은자가 곧 바닥을 드러낼 지경인데 창고에는 후추, 상아, 인삼 등 각종 토산물과 별 쓸모가 없는 광석들만 가득하다는 것을 알게 되었다.

꼬리를 무는 역사

영락제의 관심은 오로지 정치적 계산밖에 없었다. 결국 명나라의 국고가 텅 비자, 관료들의 월급은 줄어들었고, 이에 명 조정은 황당한 방안을 쓰게 된다. 관료들의 월급을 지급할 때 쌀 30%, 후추 70%와 같이 기타 조공품을 끼워 넣은 것이다. 명나라 관리들은 매달 적지 않은 특산품을 짊어지고 집에 돌아갔는데, 생활비가 부족해지면 이 조공품을 시장에 가서 싸게 팔아 생계를 꾸려야 했다. 매달 월급을 받았지만, 며칠 뒤 퇴근길에 슬그머니 시장에 나가 노점을 벌여 파는 명나라 공무원들의 궁색한 모습은 상상만으로도 서글프다.

조공 체계의 막대한 지출 외에도 명나라는 더 많은 골칫거리를 안고 있었는데, 가장 큰 문제는 역시 풀리지 않는 디플레이션 현상이었다.

은(银)의 제국

공식 화폐로 지위를 되찾은 은자(銀子)

명나라 왕조가 끊임없이 화폐 개혁을 하고, 절제 없이 돈을 찍어내는 바람에 백성들이 보유한 지폐는 언제든지 휴지 조각이 될 수 있는 불안한 상황에 처하게 됐다. 이미 여러 차례 손해를 본 백성들은 결국 지폐 사용을 거부하고, 대신 이전 왕조가 사용하던 금속 화폐를 다시 사용하기 시작했다. 그러나 제련 기술이 발전함에 따라 구리를 쉽게 구할 수 있게 되자 위조도 매우 쉬워졌다. 더 이상 귀금속류에도 속하지 못하게 된 구리로 만든 화폐는 빠르게 평가절하되었고, 지폐와 마찬가지로 금속 화폐의 신용도 역시 역사상 최저치로 떨어졌다.

기록에 따르면 명나라 세종 가정제가 재위하던 46년(1521년~1567년) 동안 백성들은 어떠한 화폐도 믿을 수 없어 한동안 경제생활을 영위하던 방식이 물물교환으로 거래하던 원시 사회 상태로 퇴보하기도 했다.

그러던 중 1567년, 즉 중국 상선이 필리핀에서 우연히 스페인 원정대를 만난 지 3년 후, 이 교역을 통해 재미를 본 용경隆庆 황제는 중대한 결정을 내리게 된다. 고립주의 정책에서 벗어나 해상 금지 정책을 철회하고, 대외 무역을 개방한다는 내용이었다. 용경제의 개방 정책으로 명나라 건국 시기부터 유지되어 오던 우매한 해금 정책은 마침내 마침표를 찍게 되었다.

명의 개항 이후 스페인 선단의 적극적인 행보로 대량의 은이 백성들 사이에 유입되기 시작하자 은자는 전국적으로 통용되는 화폐가 되었다. 정부에서 지폐 사용을 권장하고 은자 거래를 금지해 왔으나 은의 보급을 억제하기에는 역부족이었다.

　중국 고전 문학을 보면 은자를 사용한 거래가 민간에 널리 퍼져 있음을 알 수 있다. 『수호전』이나 『금병매』에 등장하는 인물들을 보면 식사를 하거나 물건을 구매할 때 모두 은자로 대가를 지급한다. 명나라 왕조는 끊임없이 백성들에게 '대명보초' 사용을 강제하였지만, 이는 실효성이 전혀 없었다. 조정에서도 사안의 심각성을 깨닫고 다시금 화폐 개혁을 시행해야 하는 시점에 이르렀음을 통감하게 된다.

　1581년 명나라 조정은 드디어 은자의 유통을 합법화했다. 은자의 합법화를 주장한 사람은 모든 정치와 군사에 대한 결정을 관장하던 내각의 수장, 장거정张居正이었다. 그는 조정의 과도한 세금 부과로 백성들이 고통받는 모습을 바라보며 명나라가 발행한 지폐 '대명보초'가 더 이상 화폐로서의 가치를 상실했음을 깨달았다. 그는 명나라 경제를 활성화하기 위한 일련의 개혁을 추진했는데 그중 조세 개혁에 가장 역점을 둔 것이 '일조편법一條鞭法'이었다.

　'일조편법'이란, 농지세, 부역 및 기타 모든 세금을 통합하여 가구당 보유한 밭의 수에 따라 세금을 매기는 것이다. 이는 종전까지 시행해 오던 가구당 인구수에 따라 세금을 부과하는 양세법两税法에 비해 훨씬 더 합리적이었다. 일조편법의 세부 조항은 다음과 같다.

　"쑤저우苏州, 항저우杭州, 후저우湖州, 상하이上海, 자싱嘉兴 등의

지역은 곡식으로 세금을 납부하고, 이 지역을 제외한 나머지는
세금을 은으로 환산하여 납부한다."

이때부터 은자는 정식으로 조정의 인정을 받은 공식 화폐가 되었다.
해외로부터 수입되는 은이 당당히 명나라에 들어올 수 있게 된 것이다.

은의 대량 유입이 명나라 경제에 미친 영향

그렇다면 대량의 은이 쏟아져 들어오는 상황은 명나라 경제에 어떤
영향을 미쳤을까?

먼저 수혜를 입은 산업 분야는 수공업이었다. 오늘날의 제조업과 유
사하게 비단, 도자기, 차류 등의 생산업인데, 이것들은 모두 명나라의
기간산업이었다. 그동안 해외 무역이 불가능한 상황에서 국내 내수시
장의 판매량은 제한적이었다. 국내 통화 지폐가 빠르게 평가절하되는
상황에서는 생산 규모가 클수록 손실이 커지기 때문에 그동안 상인들
은 생산 규모를 통제해 왔다. 그러나 해상 무역 시장이 회복되어 판로
가 범세계적으로 확대되고, 백은을 거래의 주요 결제 수단으로 사용하
게 되면서, 상인들은 더 이상 지폐 가치 하락의 위험에 노출되지 않게
되었다. 이들은 안정적인 자산을 바탕으로 공장을 확장하고, 생산량을
더욱 늘릴 수 있었다. 그 결과, 명나라의 제조업(수공업)은 전례 없는 수
준으로 성장하게 된다.

당시 '메이드 인 차이나Made in China'는 하나의 글로벌 브랜드로 당당

히 자리매김하였다. 프리미엄, 클래식, 고품질, 정교함, 우아함 등의 단어들이 명나라에서 제조한 물품들의 대명사가 되었고, 세계 각국의 무역 기관들은 중국에 무역 거점 기지를 개설하며 중국 상품을 대량으로 사들였다.

1571년 스페인 정복자들이 필리핀 마닐라에 식민지를 건설한 뒤 무역 거점 기지를 세우며 새로운 글로벌 무역 시대를 열었다. 새롭게 개척된 이 해상 무역로는 태평양을 건너 멕시코와 중국을 잇는 길로, 인류 역사상 최초로 세계를 하나의 세상으로 연결한 교두보이다. 이를 통해 중국 상품은 비로소 본격적으로 전 세계에 수출되기 시작했다.

이 해상 무역로는 명나라에 대량의 은을 유입시킴과 동시에 명나라의 생산품을 해외로 반출함으로써 대명大明 제국 말기에 기대치 못했던 화려한 번영의 시기를 맞게 해주었다.

이때부터 사람들은 브랜드, 즉 상표에 대한 의식을 갖게 되었다. 사람들이 어떤 상점의 품질에 깊은 인상을 받는다면, 다음에 재구매할 가능성이 높다. 이에 따라 상점마다 자신들만의 고유한 상호를 만들기 시작했다. 이 상호는 단순한 상점의 이름이 아니라, 제품의 품질을 드러내는 신뢰의 상징이었다.

오늘날 우리가 흔히 말하는 '노포(전통 브랜드)'는 바로 이 시기에 탄생한 유서 깊은 브랜드들이 현재까지 이어져 온 것이라 할 수 있다.

규모가 작은 개인이 운영하는 상점 외에도 일부 상점은 연합을 통해 상업 집단을 꾸리기 시작했다. 이를 계기로 명나라에 각 지역을 거점으로 한 10대 상단이 탄생하게 되었다.

1. 산서山西의 진중晋中을 중심으로 한 진상晋商

2. 안휘安徽의 흡현, 무원 등 휘주 6현을 중심으로 한 휘상徽商

3. 산동山東의 임청, 제녕, 요성, 연대 일대의 노상魯商

4. 영파宁波를 중심으로 한 절상浙商

5. 용유현을 중심으로 한 용유상龍遊商

6. 쑤저우苏州 서남의 오현 경내의 태호중동, 서동정산(현 오현의 동산진과 서산진)의 동정상洞庭商

7. 강서의 인구 이동으로 형성된 강우상江右商

8. 복건 연해를 중심으로 한 민상閩商

9. 광주, 불산 일대를 중심으로 한 월상粵商

10. 진상의 동생으로 불리는 섬상陝商

이들은 서로 협력하고, 리스크를 분담하며, 공동의 이익을 추구하는 방식으로, 급변하는 환경 속에서도 안정적으로 성장할 수 있었다. 상단의 형성은 상품 경제 발전의 결과이며, 상품 경제 발전은 또한 생산력 발전의 결과이다.

꼬리를 무는 역사

명나라 말기 상품 경제의 번영은 사람들의 생활 방식에 변화를 불러왔다.

"양식 창고가 가득하면 예절을 알게 되고, 먹고 입을 것이 풍족하면 자연히 영광스러운 것과 수치스러운 것을 알게 된다."라는 말이 있다. 백성들은 먹고사는 문제가 해결되면 문화생활을 추구하게 된다. 명나라 중후기에 장거정의 개혁과 은의 대량 유입에 힘입어, 백성의 생활은 천지개벽을 이룰 정도의 변화를 겪었다. 이를 통해 쌓은 재력으로 앞다투어 문화생활을 영유하기 위한 소비 업그레이드를 시작했다. 일반 백성들은 귀족들을 따라 독서, 다도, 산책, 연극 감상 등의 문화 활동을 시작했으며, 문화재를 수집하고 감상하는 취미를 갖게 되었다. 특히 문방사우는 사대부만의 전유물이 아닌, 점차 민중의 필수품이 되었다. 이는 문화의 대중화와 지식인의 증가를 의미하며, 교육과 문학의 발전에도 큰 영향을 미쳤다.

이로써 백성의 소비 업그레이드는 서비스업, 수공업 등 산업의 빠른 발전을 이끌었다.

은의 대량 유입은 비바람이 휘몰아칠 위기에 처해있는 명나라 말기에 일시적인 번영을 안겨주었지만, 그 번영은 오히려 도사리고 있는 위험을 더욱 간과하게 했다.

디플레이션의 저주

경제학의 무지로 인한 명나라의 멸망

장거정은 백은을 국가 공식 화폐로서 지위를 확립시켰지만, 또 다른 문제를 맞닥뜨릴 수밖에 없었다. 명나라는 은의 산출량이 많지 않은 터라 대부분을 일본, 스페인과의 무역에서 얻고 있었는데, 이는 명나라 자체적으로는 은의 생산량을 통제할 수 없었음을 의미한다. 해외 의존도가 높은 은의 유입량은 무역 및 해양 밀수 등 여러 불확실한 요소에 좌지우지되었다. 다시 말해 이는 명나라가 이미 국가 화폐 발행의 주도권을 잃었다는 것을 의미한다.

화폐 발행의 주도권을 잃었을 때의 가장 큰 위험은 인플레이션과 디플레이션의 발생을 예측할 수 없다는 점이다. 이것이야말로 장거정이 가장 우려하던 바였다. 한 나라가 안정적인 경제 발전을 이루기 위해서는 화폐의 발행량을 너무 많지도 적지도 않게 합리적인 범위 내에서 통제해야 한다. 이를 위해 화폐 발행량의 통제권은 반드시 국가 주도 아래 두어야 한다.

현대에서는 국제 통화 브레턴우즈 체제Bretton Woods system, BWS의 금환 본위제 붕괴 이후 거의 모든 국가가 금리 인상과 인하, 지급 준비금 증감, 심지어 화폐 발행량 통제를 통해 자국 경제의 안정을 꾀하고 있다.

그러나 명나라 정부는 화폐 발행량 통제권을 상실했고, 이는 국가의 경제 명맥이 다른 사람의 손에 달린 것과 같아서 자국의 운명을 하늘에 맡길 수밖에 없었다. 이에 장거정은 문득문득 떠오르는 불안을 떨쳐낼 수 없었다.

그의 우려는 현실이 되었다. 먼저 스페인의 은 공급에 문제가 발생했다. 당시 네덜란드와 스페인 두 나라는 오랜 앙숙으로, 양측은 해상 패권 지위를 놓고 치열한 전투를 벌였다. 안타깝게도 이 싸움은 휴전과 전쟁을 반복하며 80년 동안이나 지속되었다.

원래 이 두 나라의 환란은 지리적으로 멀리 떨어져 있는 명나라에는 먼 산의 불구경과 같아 직접적인 영향을 미칠 일은 없다. 그러나 명나라의 통화 은자의 발행 여부는 스페인의 손에 달려있었다. 스페인과 네덜란드 간의 전쟁 이후, 네덜란드는 해양에서 우위를 점하여 스페인 상선의 통행을 계속 저지한 탓에 은은 제때 명나라에 유입되지 못했다. 스페인 역시 전쟁을 치르기 위해서는 돈이 필요했기 때문에, 은의 수출량을 점차 줄이기 시작했다. 이로 인해 명과 스페인의 관계도 점점 악화되어, 양국의 상인들 사이에는 폭력적인 충돌이 계속해서 발생했다.

1639년, 마닐라의 스페인 상인이 2만 명의 명나라 상인을 학살하고, 얼마 지나지 않아 명나라 상인이 다시 세력을 되찾으며 수천 명의 스페인 상인을 보복 살해하는 마닐라 학살 사건이 발생했다. 이러한 요인이 서로 겹치면서 스페인이 명으로 보내는 은은 급격히 감소했다. 전쟁 전에는 매년 60척 이상의 은을 실은 화물선이 명나라로 뱃머리를 틀었지만, 스페인과 네덜란드의 80년 전쟁이 발발한 후에는 매년 6~7척의 화물선만 운송되었다. 이는 이전의 10%에 불과했다.

명나라는 또다시 은 부족 사태에 직면하게 되었다. 해외로부터의 은 유입량이 줄어드는 것을 가장 먼저 체감한 것은 백성들이었다. 시장에서 유통되는 은이 줄어들기 시작했고, 상인들은 앞으로 은을 구하기 어려워질 것을 우려해 모으기 시작했다. 점점 더 많은 은이 자산가들의 지하 창고에 숨겨지면서 시장의 은 부족 현상은 더욱 악화되었다.

은 부족 현상은 사실상 경제학에서 말하는 '디플레이션 현상'이다. 영국의 경제학자 존 메이너드 케인스John Maynard Keynes는 디플레이션의 위험성에 대해 다음과 같이 말한 바 있다.

"인플레이션은 불공정하고, 디플레이션은 부적절하다. 이 중에
디플레이션이 더 나쁘다."

물가가 천정부지로 치솟는 인플레이션도 정말 두렵지만, 디플레이션은 인플레이션보다 더 가공할 만한 악영향을 끼친다. 디플레이션으로 사회 경제 전체가 대규모로 위축될 수 있기 때문이다.

물건은 희소성에 따라 귀함이 결정된다. 화폐도 하나의 상품이라 수요와 공급의 원리가 동일하게 적용된다.

명나라 경제는 은의 유통량이 감소하자 가치가 급격히 상승하여 또다른 위기를 맞게 되었다.

장거정의 '일조편법'이 시행된 후, 모든 세수는 은으로 환산되어 백성들은 먼저 곡물을 은으로 교환한 후 납부해야 했다. 하지만 은의 급격한 가치 상승으로 원래는 한 석의 곡물로 10냥의 은을 교환했지만, 이제는 5냥의 은만 받을 수 있었다. 세금 액수는 변하지 않았지만, 은화 가치 상승으로 인해 백성들은 두 배의 식량을 더 지불해야 했다. 결과

적으로 백성들의 곡식은 가치가 반토막 난 것이나 다름없었다. 같은 세금이라도 은으로 세금을 내면서부터는 과거보다 두 배나 더 많은 식량을 내야 하므로, 의도치 않게 세 부담이 증가하게 된 것이다.

꼬리를 무는 역사

"천하의 흥망성쇠는 모든 개인에게 책임이 있다."
이는, 명나라의 학자 고염무顧炎武의 말로, 세상이 잘 돌아가려면 모두가 한몫씩 해야 한다는 뜻이다. 고염무는 산시陝西성에 있었던 은 부족과 관련된 참상을 기록으로 남겼다.
"그해는 풍년이 들어 모든 곡물이 풍작이었지만, 은값이 올라 농민들은 여전히 세금을 내기가 어려웠다. 이에 백성들은 세금을 내기 위해 아내와 아들, 딸을 팔아 생계를 유지할 수밖에 없었다."
명나라는 '은 부족 현상'에 시달리고 있을 뿐만 아니라, 심각한 기후 변화가 국가의 존망을 위협해 오고 있었다.

소빙하기(Little Ice Age)
인디언이 초래한 지구 온난화

———

1521년, 명나라의 열한 번째 황제 가정제가 즉위했다. 가정제는
나라를 다스리는 일에는 관심이 없고, 오직 도교에 심취해 있었다.
이로 인해 전국 각지에서는 '도교 존중, 불교 파괴' 운동이 일어났고,
한바탕의 혼란을 겪은 끝에 마침내 도교가 명나라의 핵심 종교로 자리를
잡게 되었다. 이로써 가정제는 명나라 말기를 '도교'와 '환관'이라는
두 가지 핵심 키워드로 모든 것을 설명할 수 있도록 만들었다.

———

    가정제는 도교 수행자들을 불러 모아 관리로 임명했다. 그중 도중문
陶仲文이라는 이가 있었는데, 그는 모든 공직의 채용과 관리를 총괄하는
예부상서까지 올랐다. 이는 중국 역사를 통틀어 전례가 없는 일이다.
    도교는 불로장생을 추구하며 단약丹藥(신선이 만든다고 알려진 장생불사
의 영약)을 개발하는 데 집중한 사상이었고, 가정제 역시 예외가 아니었
다. 그는 사람을 보내 각지에서 영지버섯 등 신비한 약초 등을 채집하
고 단약을 만들어 불로장생을 기원했다. 또한 가정제는 어린 소녀를 선
발해 궁에 들인 뒤 그들의 혈액을 보충하여 단약을 만들었다. 소녀들의
청결을 유지하기 위해 월경하는 동안 음식을 먹지 못하게 하고, 뽕잎과
이슬만 마시도록 강요하였다.

    가정제의 폭정은 여기서 끝나지 않았다. 그는 의심이 많고 잔혹했으
며, 감정 기복도 심했다. 특히 궁녀를 매질하는 것은 일상다반사였다.

결국 참다못한 궁녀들은 중국 역사상 유일무이하게 궁녀 모반사건인 '임인궁변壬寅宫变'을 일으켰다.

1542년, 양금영楊金英 등 십여 명의 궁녀들은 가정제의 포학함을 견디지 못하고 그가 깊이 잠든 틈을 타 곤룡포로 목을 졸라 암살하려 했다. 그러나 미숙한 탓에 밧줄을 잘못 묶어 가정제의 암살은 실패로 돌아갔다. 가정제는 진노하여 모반 사건에 동조한 궁녀들을 모두 능지처참하라고 명했다.

가정제는 이 일로 극심한 트라우마를 겪으며 궁의 깊숙한 곳으로 거처를 옮겨 이후 20여 년 동안 조정에 나가지도 않고 어떤 의식에도 참석하지 않았다. 그저 단약을 만들어 먹고 수도하며 건강을 유지해 불로장생하기만을 바랐다. 아마도 세상천지에 이런 황제는 가정제가 유일할 것이다.

원래 가정제는 굳이 정사에 신경 쓰지 않아도 조상들이 축적해 놓은 부로 명 왕조의 명맥을 이어 나갈 수 있었다. 그러나 하늘은 이를 호락호락하게 허용치 않았다. 흔들리는 명나라의 운명 앞에 가혹한 기후 문제가 도래한 것이다.

이것이 역사적으로 유명한 '소빙하기'이다. 소빙하기로 지구의 기온은 급격히 하락했고, 전 세계는 혹독한 한파에 휩싸였다. 이러한 초저온의 이상 기온 현상은 1550년부터 시작하여 1770년에 끝났으니 200년 넘게 지속된 것이다.

추운 날씨가 계속 이어지다 보니 해마다 흉작의 연속이었다. 전 세계는 농업을 기반으로 한 사회였기 때문에 농작물이 자라지 못하면 상상할 수 없을 정도로 심각한 결과를 초래한다. 굶주린 백성들은 언제든지 큰 사회적 혼란을 불러일으킬 수 있다.

명나라 위기를 초래한 소빙하기는 단순한 자연 현상의 일부일까? 만약 그렇지 않다면, 이 이상 기온 현상을 초래한 주범은 누구인가? 이에 대해 미국 버지니아대학교의 윌리엄 루더만William F. Ruddiman 교수는 매우 설득력 있는 이론을 제시했다. 그는 소빙하기의 원인이 자연현상이 아닌, 유럽인 도래에 의한 아메리카 원주민의 감소에서 기인한 것이라고 지적한다.

인디언은 항상 용맹스럽고 생동감 넘치게 살아가는 사람들이었다. 그들은 고대 북방의 유목 민족처럼 물과 숲을 따라 살며, 거주지의 자원이 고갈되면 새로운 거주지로 이주했다. 그런 인디언들이 소빙하기를 일으킨 주범으로 거론되는 이유는 바로 인디언의 농사 방식 때문이다. 인디언들의 전통적 농사 방식은 화전火耕이다. 인디언들은 정착지와 농경지 확보를 위해 가는 곳마다 숲에 불을 질렀다. 초목을 태운 후 다량의 초목회를 만들어 이를 비료로 사용한 것이다. 비가 오면 소각된 초목회와 흙이 함께 섞였는데, 이 혼합물에 파종하면 힘든 쟁기질 없이도 많은 양의 농작물을 수확할 수 있었다.

하지만 이러한 경작 방식은 표면의 얇은 층의 토양만 비옥해졌기 때문에 한 계절 동안 작물을 재배하고 나면 더 이상 양분이 남아 있지 않았다. 아메리카의 땅은 끝없이 광활하기에 더 이상 비옥하지 않은 땅을 힘들여 다시 일굴 필요가 없었다. 땅을 깊이 가는 대신 바로 다음 장소로 옮겨 숲을 불태우면 그만이었다. 사람은 적고 땅은 넓으며, 자원이 무궁무진한 아메리카 대륙은 그들이 살아가는 데 충분한 삼림을 제공하였다. 이런 식으로 인디언들은 방대한 삼림 지대에 정기적으로 수개월간 지속해서 불을 놓았는데, 넓은 면적의 숲이 소각되자 온 천지가 연기로 휩싸이고 아메리카 대륙을 뒤덮었다.

그들은 조상의 가르침을 따라 2,000년 넘게 숲을 불태웠고, 이렇게 생성된 대량의 이산화탄소는 다량이 축적된 뒤 대기로 방출되어 점차 강력한 온실 효과를 형성했다. 이산화탄소가 지구 표면에 두꺼운 보온층을 형성해, 지구가 연중 일정한 온도를 유지할 수 있도록 만든 것이다.

인디언은 대지에 불만 지르면 어떠한 경쟁도 할 필요 없고, 누구에게도 방해받지 않는 평온한 세월을 누릴 수 있었다. 그러나 실수로 길을 잘못 들어선 콜럼버스가 이 모든 것을 한순간에 바꾸어 놓았다. 미식가들을 위해 향신료를 찾아다니던 콜럼버스는 우연히 아메리카 땅을 밟았고, 풍요로운 아메리카 대륙이 알려지면서 식민지 개척자, 모험가, 침략자들이 떼거리로 몰려들기 시작했다.

아메리카 대륙에 처음 온 모험가들은 이 넓은 땅에 말, 돼지, 지렁이가 없고, 벌도 없어서 많은 과수가 꽃만 피고 열매를 맺지 못한다는 사실에 매우 놀랐다. 게다가 이곳에는 수레바퀴가 없었다. 세계의 모든 문명은 약속이나 한 듯이 수레바퀴를 발명했지만, 아메리카는 예외였다. 사실 아메리카에는 대형 동물이 거의 없으며, 유일하게 비교적 덩치가 큰 동물은 알파카뿐이었다. 인디언들은 수백 년 동안 이들을 이용해 물건을 운반해 왔다.

점점 더 많은 유럽인이 아메리카 대륙에 많은 종을 들여왔다. 밀, 사과, 돼지, 말을 들여오고, 옥수수, 토마토, 땅콩, 감자, 칠면조 등의 종을 가져가며, 신대륙과 구대륙 사이의 교류가 본격적으로 이루어졌다. 아메리카 대륙에는 원래 말이 없었는데, 유럽인들이 말을 가져다준 덕에 인디언 사냥 문화의 기초가 마련되었다.

인디언의 멸종, 기후 변화를 일으키다

유럽인들은 많은 생물의 종을 끊임없이 가져와 아메리카 대륙을 풍요롭게 만들었지만, 동시에 인디언들에게 치명적인 위협이 될 수 있는 다양한 바이러스도 가져왔다. 천연두, 독감, 간염, 홍역, 뇌염, 폐결핵, 디프테리아, 콜레라, 발진티푸스, 성홍열 등의 바이러스들은 유럽인들의 건강에는 그리 큰 위협이 되지 않지만, 인디언들에게는 치명적이다.

아메리카 대륙은 오랫동안 다른 대륙과 분리된 채 독자적으로 발전했기 때문에 인디언 원주민들은 인간을 숙주로 하는 바이러스에 대한 면역 체계를 갖추지 못했다. 결국 유럽에서 건너온 바이러스는 압도적인 기세로 퍼져나가 수많은 인디언의 목숨을 앗아갔다.

역사학자들의 추정에 따르면, 유럽으로부터 유입된 전염병으로 최소 아메리카 대륙 인구의 60%가 사망했으며, 그 숫자는 1,500만에서 1,650만 명에 달한다. 하지만 유럽인들이 가져온 것은 바이러스뿐만이 아니었다. 그들은 토지와 자원을 강탈하기 위해 현지인들과 무력 충돌을 일으켰고, 정교한 무기로 수많은 인디언을 학살했다. 이로 인해 인디언의 인구수는 급격히 줄어들었다.

'바이러스와 폭력'이라는 이중 압박 속에서 인디언의 수는 급감했고, 심지어 한때는 자취를 감추기도 했다. 아메리카 대륙에서 수천 년 동안 타오르던 산불도 서서히 꺼지기 시작했다. 숲은 고요함을 되찾고, 타들어가는 불꽃은 더 이상 보이지 않았으며, 이전에 화마가 휩쓸고 지나갔던 곳은 다시 울창한 숲으로 변했다. 불이 나지 않으니 대기 중으로의 이산화탄소 배출은 감소하고 삼림이 늘어나 이산화탄소를 대량으로 흡수했다. 이렇게 공기 중의 이산화탄소 농도는 급격하게 감소했다.

그 결과 지구 상공에서 항온 기능을 하던 보온층은 점차 얇아져 온실 효과가 약해지기 시작했다.

현재에 쓰이는 '온실 효과'라는 단어는 일반적으로 기후의 부정적인 현상으로 설명되고 있다. 현시대의 논리에 따르면 기온 상승으로 빙산이 녹는 등의 현상을 일으켜 인류에게 부정적인 영향을 미치는 온실 효과는 사라지는 것이 좋다. 그러나 합리적인 범위 내의 온실 효과는 지구를 따뜻하게 유지해 주는 순기능이 있다.

당시의 온실 효과는 지구의 온도를 효과적으로 유지했다. 이산화탄소가 부족해지자, 지구는 점차 보온층을 잃고 기온이 떨어지기 시작해 소빙하기가 도래했고, 이는 200년이 넘게 지속됐다.

꼬리를 무는 역사

전 세계의 기온이 하락하면서 아시아 대륙과 태평양 간의 여름 온도의 차이는 줄어들었다. 따뜻하고 습한 아열대 몬순 기후는 명나라 화북지방의 평원과 산시성 북쪽의 고원 지역까지 깊이 들어오지 못했다. 아열대 몬순은 바로 이 지역의 주요 빗물 공급원이어서 따뜻한 기류가 상륙하지 못하면 기온 하강과 가뭄이라는 이중 타격을 받게 된다. 결국 농작물을 수확하기 어려운 환경이 조성되는 것이다. '백성은 먹는 것을 하늘로 삼는다.'라는 말이 있듯이 배불리 먹지 못한 백성들은 반란을 일으킬 가능성이 높아진다. 명나라 말기에는 농민 봉기가 끊이지 않았는데, 거의 모든 원인은 '굶주림' 때문이었다.

나비효과(Butterfly effect)

명나라를 멸망시킨 유럽의 미식가들

'발전의 과정'은 때때로 신비롭기 그지없다. 원래 아무 관련이 없던 일들이 우연한 사건으로 엮이기도 한다. 미식가들은 단지 향신료가 가미된 음식을 먹고 싶을 뿐이었고, 스페인 정부는 돈을 벌고 싶을 뿐이었다. 그저 호기심이 많은 콜럼버스는 이익과 보상을 위해 항해를 떠났을 뿐이다. 물론, 그의 수학적 실수로 길을 잘못 들어선 탓에 아메리카 대륙에 도착했던 것인데, 이 단순한 욕구들은 추후 엄청난 결과를 몰고 온다.

신종 바이러스들이 신대륙에 착륙했고, 면역력이 부족한 원주민들의 반 이상이 사라졌다. 이후 아무도 숲을 불태우지 않은 탓에 이산화탄소 배출량은 급격히 감소했으며, 지구의 보온층은 흔적도 없이 사라져 전 세계의 온도는 급강하하기 시작했다. 그리고 그 결과 흉작이 이어졌다.

명나라 역시 마찬가지다. 흉작으로 굶주린 농민들은 참다못해 들고 일어났고, 명나라는 역사의 뒤안길로 사라지고 말았다. 그야말로 전형적인 '나비효과'다.

'나비효과'는 미국의 기상학자 로렌츠Lorenz, E. N.가 처음 사용한 용어다. 초기 조건의 사소한 변화가 전체에 막대한 영향을 미칠 수 있음을 이르는 말로, 남아메리카 아마존강 유역의 열대 우림에 있는 나비의 작은 날갯짓이 2주 후 미국 텍사스주에 토네이도를 일으킬 수 있다는 것에서 비롯되었다. 이 이론은 종종 아주 작은 행동이 엄청난 결과를 이끌어 연쇄 반응을 일으킬 수도 있음을 비유할 때 사용된다.

유럽 귀족들이 고기에 향신료를 뿌리는 작은 습관은 마치 날개를 펄럭이는 나비가 되어 콜럼버스가 도착한 아메리카 대륙으로 전파되었고, 결국 전 세계를 휩쓴 허리케인을 만들어 명나라의 멸망을 불러왔다.

명나라는 화폐 개혁에 중독되어 국가 법정 화폐의 신용도는 바닥을 치고 말았다. 백성들에게 지폐는 그저 휴지 조각에 불과했다. 화폐 신용이 무너지자 국가 경제 전체가 붕괴하는 것은 시간문제였다. 결국 화폐 신용의 붕괴로 은자의 생산은 중지되었고, 해외에 의존할 수밖에 없는 통화 공급은 화폐 발행 통제권을 외국에 내어준 꼴이 되었다. 국가의 운명을 다른 나라의 손아귀에 쥐여준 형국이다.

한 나라가 경제 발전을 이루기 위해서는 '수출', '소비', '투자'라는 세 마리의 말이 끄는 삼두마차가 필요하다. 그러나 명나라는 이 강력한 세 마리의 말을 하나씩 제거해 버렸다.

첫째, 수출 무역을 포기했다. 주원장은 어리석게도 해금 정책을 시행하며 해운과 해외 무역을 전면 금지했다. 이는 '수출'이라는 중요한 경제 동력을 스스로 없애버린 셈이었다.

둘째, 소비가 위축되었다. 은 부족으로 인해 상업이 활성화되지 못했고, 거래 또한 원활히 이루어지지 않았다. 장인들은 생산을 꺼렸고, 백성들은 소비를 주저했다. 결국 경제의 또 다른 축인 소비가 무너졌다.

셋째, 투자도 실패했다. 정화의 대항해 사업은 국가 차원의 대규모 투자 프로젝트였으나, 그 목적은 경제적 이익이 아닌 단순한 국위 선양과 황제의 체면 유지였다. 28년 동안 엄청난 자원과 시간을 들였음에도 실질적인 경제적 수익은 전혀 없었고, 오히려 국고를 탕진하면서 국가 경제의 마지막 기둥마저 붕괴되었다.

세 마리의 말을 모두 잃은 명나라는 경제적 수입이 부족한 상황에서 정화의 대원정에 막대한 비용을 쏟아부었으며, 소국들과의 조공 놀이에 무분별한 지출까지 겹쳐 결국 돌아올 수 없는 강을 건너고 말았다.

관료들은 불만을 쏟아냈다. 수많은 신하는 영락제에게 '서양 대원정' 프로젝트를 취소해 달라고 요청했으나, 막대한 지출 구멍이었던 이 대항해 프로젝트는 명나라 국가 재정이 더 이상 지탱할 수 없을 지경에 이르러서야 겨우 중단되었다.

사실 당시 명나라에서 생산된 청화자기는 이미 유럽 황실과 귀족들에게 없어서는 안 될 사치품으로 자리매김했고 값 또한 매우 비쌌다. 영락제가 조금만 현명한 판단을 했더라면, 이 물건들을 서양으로 고가에 팔아 막대한 수익을 올렸을 것이다. 그러나 그는 오히려 명나라를 찾는 이들에게 아무런 대가 없이 퍼주기에 바빴다.

역사에는 '만약'이라는 것은 존재하지 않는다. 설상가상으로 운명은 명나라에 또 하나의 가혹한 시련을 안겼다. '소빙하기'가 찾아온 것이다. 이는 전국적인 기근을 초래하여 수많은 사람이 기아에 허덕이다 굶어 죽었다. 명나라 왕조가 통치력을 잃어가고 있던 1627년, 산시성 청성澄城의 굶주린 백성들이 폭동을 일으키며 명나라 말기 농민 봉기의 서막을 열었다.

1636년, 자신을 '돌격왕'이라 칭하는 이자성李自成이 은 부족과 기후의 영향을 받은 기근의 땅인 서북 지역에서 봉기했다. 1644년, 이자성은 시안에 대순 정권을 수립해 베이징을 함락했고, 이에 명나라의 마지막 황제 숭정제는 절망 속에서 스스로 목을 맸다. 이렇게 명나라의 돛은 처참히 찢긴 채 내려졌다.

같은 시각, 멀리 유럽에 있는 미식가들은 부드러운 촛불 아래에서 후춧가루를 듬뿍 뿌린 스테이크의 풍미를 즐기고 있었다. 그들은 아마도 자신들이 명나라를 멸망시키는 이 게임의 주요 플레이어라고는 생각지도 못했을 것이다.

꼬리를 무는 역사

봉기한 농민이 명나라를 멸하였다고 보기보다 콜럼버스의 대탐험이 요인이 되었다고 보는 것이 더 유력할 것이다. 그리고 그보다는 유럽의 미식가들이 명나라의 멸망을 이끌었다고 보는 편이 타당할 것이다. 그들은 그저 맛있는 음식을 즐기기를 바랐을 뿐이었겠지만, 그 단순한 행동은 의도치 않게 동양의 한 왕조를 사라지게 하는 나비효과를 일으켰다.

제6장
감자와 산업혁명

"유럽에서 감자의 보급은 식량 문제를 해결함으로써
폭발적인 인구 부양력으로 산업혁명의
원동력을 제공하였다. 또한 감자는
영국 산업혁명을 촉진함으로써 미국의 건국을 도왔다."

《이코노미스트》지

천해령(遷海令)

명나라의 해금령을 답습한
청나라의 어리석은 선택

1636년, 제2대 황제 숭덕제崇德帝(청태종, 홍타이지)는 황제에 오르며 국호를 청나라로 바꾸었다. 여진족의 후손으로 말을 타고 싸우는 데 능숙한 청나라 군인 아이신기오로 도르곤愛新覺羅多爾袞은 10만여 명의 군사를 이끌고 명나라가 지키던 산해관을 공략하였다. 이로써 명나라는 산해관 이북의 땅을 모두 잃었고 청나라는 요동을 차지하였다.

전통적으로 오랑캐라 여겨지던 소수 민족이 강산을 차지하게 되자 한족 사람들의 체면이 서질 않았다. 한족 세력인 남명南明 정권을 지지 하던 정성공鄭成功과 농민 정권인 대서정권大西政權의 장헌충은 함께 힘을 합쳐 '반청복명反淸复明(청나라에 반대하고 명나라를 복구시킨다)' 운동을 일으켰다. 중국의 김용 소설 『녹정기鹿鼎记』는 바로 이 역사적 배경의 이 야기를 묘사하고 있다.

당시 반청의 세 가지 핵심 세력은 이자성의 대순 정권, 장헌충의 대 서 정권, 그리고 명나라 패전 후 난징으로 도망쳐 재건설된 남명 정권이 다. 특히 이 중 남명 정권의 정성공은 동남 연안에서 부상하여 당시 세 계에서 가장 강력하다고 할 수 있을 정도의 해상 군사력을 장악하고 있 었다. 1662년, 그는 네덜란드 함대를 격파하고 당시 네덜란드의 식민 지였던 타이완 지역을 수복했을 정도로 해상에서는 거의 적수가 없을 정도였다.

전투와 장사에 능한 정성공

정성공의 부친 정지룡鄭芝龙은 명나라 멸망 후 청나라에 항복했지만, 청나라 조정은 무인의 덕을 따르지 않고 항복한 정지룡을 참살했다. 이에 정성공은 청나라에 대립각을 세우게 되었으며, 남명 정권과 손을 잡고 연합군 최고 통수권을 맡았다. 그의 전성기에는 산하 병력이 40만 명에 달할 정도였다. 이렇게 큰 규모의 군대를 양성하려면 적지 않은 돈이 들지만, 정성공에게는 군사를 양성하기 위해 자금을 마련할 비책이 따로 있었다. 그것은 바로 '장사'였다.

정성공의 사업은 크게 두 가지 분야로 나뉜다. 주요 사업 분야는 '일본과의 무역'이었다. 그는 군대와 지원부대, 보급 기지를 샤먼厦门에 배치했다. 바다를 누비는 선단의 장점을 바탕으로 남양, 류큐, 조선, 일본 등 여러 나라와 전면적인 무역을 진행했다.

정성공의 어머니는 일본 규슈의 히라도 출신으로 그 역시 그곳에서 태어나고 자랐다. 정성공에게 있어서 일본과의 무역은 마치 외갓집 가족과 사업을 하는 것과 마찬가지였다. 그는 비단, 차, 도자기를 일본으로 수출하고, 일본의 납, 구리, 철, 은 등의 금속을 들여왔다. 그중 일부는 무기를 만드는 데 사용하고, 다른 일부는 민간에 밀매하였으며, 은은 군대의 급료와 군수 물자 구매를 위한 화폐로 주조되었다.

그의 또 다른 수입은 네덜란드 상단에 통행료를 징수하는 것이었다. 네덜란드는 타이완을 차지한 후 비단, 도자기, 차를 일본, 유럽 등지로 수출하였다. 정성공은 단순한 군사 지도자가 아닌 강력한 경제적 기반을 구축한 전략가였다. 그는 군사력과 무역을 결합해 경제 시스템을 만들었으며, 이를 통해 대규모 군대를 유지할 수 있었다. 이를 바탕으로 정성공은 계속해서 걸프만 해역을 오가는 네덜란드 상선에 통행료를 징수했다.

청나라 정부는 남명 정부, 정성공, 이자성, 장헌충이 이끄는 세력에 맞서야 했기에 승리를 확신할 수 없었다. 특히 만주 귀족의 후손인 팔기자제八旗子弟들은 해전에 서툴러 정성공의 강력한 해군을 상대할 수 없었다. 이에 청나라는 '수동 방어 정책'을 채택하기로 했다. 명나라 왕조의 해금 정책을 모방해 대륙 연해 주민들이 해안에 접근하지 못하도록 '천해령(또는 천계령)'을 내린 것이다. 해군이 바다로 쳐들어오는 것을 방어하는 동시에 정성공 세력의 원천인 무역업을 차단해 전투력을 약화하려는 계획이었다. 하지만 정성공의 사업에 훼방을 놓기 위한 청나라의 행동은 졸렬하기 그지없었다.

1661년, 청나라 조정은 '천해령'을 발표하여 허베이, 산둥, 장쑤, 저장, 푸젠, 광둥 등지의 연안 지역 백성들에게 각각 50리씩 내륙으로 이전하고, 상선과 민간 선박은 일체 바다에 접근할 수 없도록 명했다. 오로지 조정의 안정만을 생각한 이 폭력적인 정책은 연안 지역 백성들에게 큰 재앙을 가져왔다. 악명 높은 조정의 관리들은 철저히 이 명령을 집행하기 위해 백성들의 집과 식량, 어선을 모두 불태우도록 했고, 저항하는 사람들은 그 자리에서 잔혹하게 살해해 '천해령'의 위상을 세웠다.

내륙 이주 과정에서 연안 지역 주민들의 절반 이상이 사망하거나 부상을 입는 등 막대한 인명 피해가 발생했다. 이주 도중에 굶어 죽거나 병에 걸려 사망한 사람도 있어 목적지에 도달했을 때는 전체 인구의 약 20% 미만의 백성만이 살아남았다. 백성들은 조정의 명령으로 이주했지만, 제 몸 하나 뉠 곳도, 먹을 것도 없었다. 당시 청의 죽어 나가는 백성의 수는 헤아릴 수 없을 정도였다.

수만 명의 백성이 내륙 지역으로 이주했지만, 비옥한 땅은 이미 주인이 있었고, 외부에서 온 이들은 척박하고 경작하기 어려운 무인 산간 지역에 정착해야 했다. 그런 곳은 수원이 부족하고 흙과 돌이 뒤섞여 있어 농사조차 지을 수 없었다. 또한, 바다로의 접근이 금지되니 그들의 특기인 어업 기술을 발휘할 수도 없었다. 한순간 자신의 삶의 터전에서 쫓겨난 백성들은 생존의 기로에 서야만 했다.

꼬리를 무는 역사

하늘이 무너져도 죽으라는 법은 없다. 하늘이 보살핀 덕에 콜럼버스의 신대륙 발견으로 이들은 생존의 희망을 얻을 수 있었다. 남아메리카 안데스산맥으로부터 온 '신비의 작물'이 이 절체절명의 시기에 그들을 구원한 것이다.

감자의 탄생

인간 식욕과 감자의 목숨을 건 전투

———

남아메리카 대륙의 서쪽 해안에 위치한 안데스산맥은 남에서 북으로 길이가 총 8,900㎞에 달한다. 이는 세계에서 가장 긴 산맥으로, '남아메리카의 등줄기'라고도 불린다. 이 중 가장 높은 봉우리는 아르헨티나 중서부의 멘도사주 서북쪽에 위치한 아콩카과산Cerro Aconcagua으로 해발 6,962m에 달하며 세계에서 해발 고도가 가장 높은 사화산이다. '안데스산맥'은 세계사에 큰 영향을 미친 산맥 중 하나이다. 이곳에서 생산된 두 가지 물품은 멀리 떨어진 중국의 경제와 정권에 직접적인 영향을 끼쳤다. 그 두 가지는 바로 '은'과 '감자'이다.

———

명나라 시기에 유입된 '은'은 대부분 안데스산맥의 포토시 은광산에서 채굴한 것이다. 이곳의 은은 명나라 말기의 경제 번영을 촉진했지만, 전쟁 등의 원인으로 공급이 중단되면서 명나라의 멸망을 가속했다.

또한 안데스산맥에서 생산된 '감자'는 유럽인의 상선을 타고 중국 땅에 도착했다. 감자는 8,000년 전 남아메리카 대륙의 서부 페루에서 자생하던 고대 종으로, 페루 미식가들은 아무도 감자에 손을 대지 않았다. 그들이 야생 감자를 먹거리로 만들기 위해 여러 가지 시도를 해 보기 시작한 것은 3,000년이 지난 후였다. 그러나 야생 감자는 다루기 여간 어려운 게 아니었다. 진화 과정에서 독성이 강해졌기 때문이다. 감자는 곰팡이와 유기체의 침입에 저항하기 위해 스스로 독성이 있는 솔라닌을 진화시켰다. 솔라닌을 잘못 섭취하면 동공 확장, 호흡 곤란, 혼

수상태, 경련이 일어나기도 하며 심지어 생명까지 위험해질 수 있다.

하지만 먹보 인류의 식탐은 그렇게 쉽게 굴복되지 않았다. 수백 년 동안 페루인들은 다양한 방법으로 감자 먹기를 시도했고, 그 과정에서 많은 사람이 중독되고 사망하는 사건이 발생했지만, 포기하지 않고 감자와 끝까지 사투를 벌였다. 그리고 드디어 감자와의 오랜 싸움에서 몇 가지 좋은 해결책을 찾게 되었다. 그 실마리는 낙타였다.

그들은 낙타들이 감자를 먹는 독특한 방법을 발견했다. 낙타는 감자를 먹을 때 먼저 많은 양의 점토를 씹은 뒤 감자를 감싸서 삼켰다. 이 방법은 감자 표면에 보호막을 형성하여 독소를 차단하거나 점토 자체가 독소의 성질을 줄이게 된다. 이런 식으로 감자를 먹은 낙타는 매번 아무런 탈이 나지 않았다. 이것에서 영감을 받은 페루인들은 감자를 먹기 전, 점토와 물의 혼합물을 사용하여 감자를 감싸 보았다. 그들은 진흙에 감싼 감자를 일정 시간 불린 후 먹으면 독성이 감소하여 인체에 별다른 영향을 미치지 않는다는 엄청난 사실을 발견했다.

페루인들은 여기서 멈추지 않고, 계속해서 새로운 감자 품종을 육성하기 위해 노력했다. 수백 년의 시도 끝에 마침내 독성이 거의 없고, 맛이 좋으며, 수확량이 높은 다양한 감자 품종을 재배하는 데 성공했다. 동시에 그들은 어떻게 하면 맛있는 감자 요리를 만들 수 있을지 고민하기 시작했고, 여러 가지 요리법을 찾아 감자의 새로운 시대를 열어갔다.

페루인들은 추운 겨울을 이용해 감자를 보존하는 방법도 찾아냈다.

겨울에 감자를 실외에 두면 밤에는 기온이 급격히 떨어져 감자가 딱딱하게 얼고, 낮에는 기온이 올라 해동되는데, 이렇게 겨울 동안 여러 번 냉동과 해동을 반복하면 자연적으로 수분이 증발하여 순수한 천연 건조 감자가 된다. 이렇게 만들어진 감자를 '추뇨Chuño'라 부른다. 추뇨는 수분이 없고 쉽게 썩지 않아 저장에 매우 유리하다. 이는 흉년에 대비하여 곡물로 비축할 수 있다는 장점이 있다. 그 당시 잉카 제국은 극단적인 기후 재해를 만났을 때 모두 추뇨에 의존하여 어려움을 극복했다.

추뇨는 안데스산맥의 포토시 은광 채굴 노동자들에게도 중요한 식량이 되었다. 광산 노동자들은 어두운 지하 광산에서 힘들게 일한 뒤 허기를 달래기 위해 말린 감자를 먹으며 버텼다.

『성경』에도 없는 기괴하고도 묘한 감자

이렇게 저렴하고도 맛있는 감자를 현지인들만 즐길 수는 없었다. 1532년, 식민지를 개척하고자 하는 스페인 사람들이 처음으로 안데스산맥 지역에 도착하여 현지인들이 즐겨 먹는 이 둥근 작물을 본 후, 감자는 아메리카 대륙에서 유럽 전역으로 퍼지기 시작했다. 감자를 처음 본 유럽인들은 매우 혼란스러워했다. 자신들이 인식하고 있는 식물의 열매는 모두 나무의 가지에서 맺히는데, 감자는 일반적인 유럽 작물과 달리 흙 속에서 열매를 맺는 괴상한 작물이었던 것이다. 게다가 감자의 껍질은 울퉁불퉁해 마치 나병 환자의 피부와 비슷한 탓에 '이걸 먹으면 나병에 걸릴지 모른다'는 이상한 소문까지 돌았다.

무엇보다 유럽인들은 그토록 신봉하는『성경』에 감자에 대한 언급이 없다는 것을 발견하고는 일부 사람은 이 기괴하기 짝이 없는 작물이 틀림없이 지옥에서 왔다고 믿게 되었다. 민간에서는 감자를 먹으면 매독, 돌연사, 성적 광기가 일어난다는 소문이 돌았고, 이에 유럽인들은 오랫동안 감자를 거부해 왔다.

아메리카 대륙에서는 기아에 허덕인 페루인들을 구한 영웅 대접을 받던 감자가 유럽에서는 '지옥에서 온 악마의 식물'이라는 오명을 쓰고 있는 것이다.

그렇다면 여기서 감자의 생명은 끝이 난 것일까? 현재 전 세계인들이 감자를 섭취하고 있으니 이는 당연히 아닐 것이다. 이때 감자의 운명을 뒤집은 것은 바로 '전쟁'이었다.

1756년, 유럽 대륙에서는 그 이름도 유명한 '7년 전쟁'이 발발한다. 영국과 프로이센 연합은 프랑스와 오스트리아 연합과 무력 충돌을 벌이며 7년 동안 격렬한 전쟁을 벌였다. 전쟁 기간 중 프로이센 군대는 앙투안 오귀스탱 파르망티에Antoine-Augustin Parmentier라는 프랑스 종군 약사를 포로로 잡고, 그를 전쟁 포로수용소에 가두었다. 하지만 전쟁이 워낙 긴박하여 약사의 생사를 돌볼 사람은 전혀 없었다.

프로이센군은 식량 보급에 차질이 생겨 포로들에게 줄 여분의 빵이 없었고, 이들에게 줄 수 있는 유일한 것은 현지 농민들에게서 동원한 돼지 사료인 '감자'뿐이었다.

약사인 파르망티에는 돼지 사료인 감자를 먹는다는 것에 좌절하기보다는 오히려 자신의 생명을 구한 이 음식을 무척이나 좋아하게 되었다. 그는 감자가 맛도 좋을 뿐만 아니라 영양이 풍부하다고 생각했다. 끼니마다 빵을 먹던 프로이센 군인들은 몸이 망가졌지만, 오히려 감자를 먹던 전쟁 포로들은 하나같이 살이 올라 감시병들을 아연실색하게 만들었다.

얼마 지나지 않아 파르망티에는 프랑스로 돌아왔다. 그는 자신의 조국이 기근에 시달리고 있음을 발견하고, 프로이센에서 먹었던 맛있는 감자를 떠올렸다. 그는 먼저 감자의 성분 분석에 착수했다. 그 결과, 감자가 전분 함량이 매우 높을 뿐만 아니라, 인체에 절대적으로 필요한 다양한 영양소를 다량 함유하고 있어 주식으로 충분히 사용할 수 있음을 발견했다.

파르망티에는 감자를 직접 재배하기로 했다. 그리고 감자의 가치에 관한 많은 기사를 작성해 감자의 장점을 널리 알렸다. 또한 감자로 다양한 요리를 만들어 지역의 명망 있는 사람들에게 시식을 요청하며, 그들이 감자의 재배와 섭취 방법을 홍보하는 데 도움을 주기를 바랐다.

하지만, 이 모든 노력에도 불구하고 어리석은 프랑스 정부는 생각을 바꾸지 않았다. 오히려 감자라는 유해 물질이 나병, 매독 및 기타 질병을 유발할 수 있다는 점을 지적해 정부 차원에서 감자의 식용을 엄격히 금지하는 '감자 식용 금지법'을 발표했다. 이로써 감자는 해로운 것으로 단정 지어졌다.

감자, 트렌드를 이끄는 핫템이 되다

프랑스인들은 감자를 오해하는 것을 넘어 두려워하기 시작했다. 감자를 먹으면 벌금이 부과되기 때문에 굶주림에 시달리면서도 감자를 외면했고, 심지어 감자에 '악마의 열매'라는 별명을 붙이기도 했다.

파르망티에는 이러한 상황이 어리석어 보이고 답답했지만, 한심한 정부를 상대로 어찌할 도리는 없었다. 그는 감자가 풍작을 이루는 것을 보고도 감자를 홍보할 돌파구를 찾지 못했고, 여전히 감자에 대한 사람들의 적대감을 꺾을 수 없었다.

그러던 중 그는 한 가지 계책을 생각해 냈다. 지방 정부를 설득하는 것을 과감히 포기하고, 최고 권력자에게서 방법을 찾기로 한 것이다. 이렇게 하면 적은 노력으로 큰 효과를 얻을 수 있을 것이라는 판단에 귀족과 왕에게 접근할 기회를 엿봤다.

그리고 마침내, 그는 국왕의 생일파티 현장에 몰래 숨어들었다. 생일파티는 매우 뜨거웠고, 파티가 거의 절정에 가까워질 무렵, 파르망티에가 갑자기 자리에서 벌떡 일어섰다.

"폐하, 생신을 감축드립니다!"

"누구인가, 작위가 어떻게 되지?"

"폐하, 잊으셨습니까? 지난번에 저희 지역을 방문했을 때
　제가 노래를 불러드렸습니다."

"아, 그래, 그때 어처구니 없는 노래를 한 자네로구만."

"존경하는 폐하, 노래 한 곡을 더 불러드릴까요?"

"됐네! 지난번에 그대의 노래를 듣고 반년 동안 그 충격에서
 헤어나질 못했다네. 그래, 이번에는 무슨 일로 왔는가?"

"폐하께 매우 희귀한 꽃을 바치러 왔습니다."

"왕실의 정원에는 없는 꽃이 없다네."

"폐하께서는 아마 이런 꽃을 본 적이 없을 겁니다. 보십시오.
 이 얼마나 아름다운 꽃입니까? 하얀색 꽃, 분홍색 꽃, 보라색 꽃
 모두 아름답지 않습니까?"

"그렇군. 하지만 놀라운 것도 없네. 이만 가시게나."

하지만 순간 마리 앙투아네트 왕후가 이들을 저지했다.

"잠깐만요."

"왕후마마, 무슨 분부입니까?"

"저는 이 꽃들이 무척 마음에 듭니다. 지금껏 본 적 없는 고독한
 향기를 지닌 아름다움이 있네요. 이 꽃들은 무슨 꽃인가요?"

"감자꽃입니다."

"감자꽃?"

이날 이후 왕후는 외출하거나 궁정 고급 연회에 참석할 때마다 감자
꽃으로 머리를 장식했다. 게다가 루이 16세는 왕후의 영향을 받아 외빈
을 접대하거나 의식에 참석할 때 외투 단추에 감자꽃을 꽂았다. 이 방
법은 정말 유용했다. 당시 궁정의 패션은 프랑스의 대유행을 이끄는 핵

심 요소였기에 귀족들은 앞다퉈 왕과 왕비의 스타일을 따라 하기 위해 감자꽃을 꽂고 다녔다. 외출 시 감자꽃이 없으면 문밖을 나설 수 없을 정도였다. 궁정에서 민간에 이르기까지 거의 모든 아가씨와 부인이 감자꽃을 고급스럽고 세련된 장식품으로 여기기 시작했다.

약사 파르망티에는 일약 유명인 반열에 오르며, 왕과 왕후의 호감을 사는 데 성공했고, 바로 이때를 기회 삼아 국왕에게 감자 재배를 공식적으로 허가해 달라는 요청을 하게 되었다. 그 후 국왕은 파르망티에가 감자를 재배할 수 있도록 법적으로 보장하고, 감자꽃을 도둑맞지 않도록 군대를 파견하겠다고 약속했다.

1785년 파르망티에는 파리 교외에 넓은 땅을 개척하고 다양한 감자를 심었다. 루이 16세 또한 약속을 이행하여 대규모 병력을 감자밭에 파견하고, 누구도 꽃이 핀 감자밭에 접근할 수 없도록 했다. '로열 포테이토'로 신분이 급상승한 감자는 비밀스러워질수록 주변 사람들의 관심을 끌었다. 주변 농민들은 호기심에 밤마다 군인들이 자리를 비운 틈을 타 밭으로 가서 몰래 감자를 훔쳐 집으로 가져와 심기에 이르렀다.

파르망티에는 이 모습에 화를 내기는커녕 흡족하게 지켜봤다. 이것이 바로 그가 바라던 모습이었기 때문이다. 왕에게 파병을 요청한 목적은 사람들의 호기심을 자극하여 많은 관심을 끌고 감자에 대한 대중의 인식을 바꾸기 위함이었다.

이로써 감자 재배는 프랑스에서 선풍적인 인기를 끌었고, 사람들은 감자를 먹기 시작했다. 그제야 사람들은 한때 그토록 꺼리던 감자가 사실 너무나도 귀엽게 생겼다는 것을 알게 되었다. 꽃을 피워 장식으로 사용하는 것도 꽤 멋들어졌다.

파르망티에의 감자 홍보 작전은 극적인 방식으로 마침내 성공하였다. 이후 감자는 대규모로 재배되기 시작했고, 흉년이 들어 프랑스인들이 식량이 부족할 때 큰 도움이 되었다. 이에 프랑스인들은 감자를 '땅속에서 자라는 열매'라고 불렀다. 감자는 더 이상 '악마의 열매'가 아니었다. 파르망티에는 전국적으로 유명해졌고, 현재도 많은 프랑스 식당에는 여전히 '파르망티에'라는 이름의 감자 요리가 남아있다.

꼬리를 무는 역사

18세기 말 감자는 유럽인의 주식이 되었으며, 유럽의 곡물 생산량을 두 배로 늘린 효자 작물이 되었다. 많은 국가의 감자 의존도가 높아졌는데 아일랜드인의 40%가 감자를 식품으로 여겼으며, 독일, 영국, 네덜란드, 벨기에에서는 감자가 식품의 1/3을 차지하고 있었다. 그렇다면 청나라 조정의 천해령으로 강제 이주한 백성, 벼와 밀을 재배할 수 없는 산악 지역에 살고 있는 그들은 과연 저 멀리 대양을 건너온 '구황작물' 감자를 만날 수 있을까?

맬서스(Malthus) 인구론의 함정

감자가 파괴한 유명 경제학자의 인구 증가론

─────

기아에 허덕이고 있는 사람들은 비단 청나라 산악 지역의 백성들뿐만이 아니었다. 소빙하기의 지속적인 초저온의 영향으로 전 세계 대부분 지역의 식량 생산량이 심각하게 부족해 굶주림으로 인한 사망률이 치솟고 있었다. 영국의 성직자이자 정치경제학자인 토머스 로버트 맬서스Thomas Robert Malthus는 자신의 저서 『인구론』을 통해서 "인구의 자연적 증가는 기하급수적이지만, 식량은 산술급수적으로 증가할 수밖에 없어서 과잉인구로 인한 식량부족은 필연적이며, 그로 인해 빈곤과 죄악이 많이 발생하는 것은 불가피하다."라는 인구 증가에 대한 이론을 제시한 바 있다.

─────

　인구는 '2, 6, 18, 54, …'처럼 연속된 두 항 사이의 비율이 일정한 등비수열의 형태를 보이며, 기하급수적으로 증가한다. 이에 반해 물자는 '2, 5, 8, 11, …'와 같이 연속하는 두 항의 차가 일정한 산술(등차)적인 증가 추세를 보인다. 기하급수적인 성장은 제곱 방식을 따르기 때문에 뒤로 갈수록 숫자의 크기가 급격하게 증가하는 반면, 산술적 성장은 덧셈에 따라 증가하기 때문에 일정하게 커진다.

　맬서스의 이론에 따르면, 식량의 증가 속도는 인구 증가 속도를 따라잡을 수 없으며, 기아로 인해 사망하는 인구가 많아질 수밖에 없다. 이것이 바로 '맬서스의 함정'이다. 이 이론에 따르면, 지구상에 있는 인구의 폭발적인 증가 이후 인구 대비 식량의 불균형으로 수백만 명의 사람들이 기아로 인해 사망했어야 한다. 사실 이 이론은 여러 국가에서 그

유효성이 입증되어, 인구 증가로 인한 기아 문제를 어느 정도 올바르게 해석했다고 평가받고 있다.

하지만 구국 영웅의 '감자'가 그 이론을 깼다.

아메리카 대륙의 감자가 유럽에 전해진 후, 파르망티에는 감자에 관한 사람들의 편견을 극복하고 의식을 전환하여 감자를 프랑스인의 주식으로 자리매김하게 했다. 감자는 프랑스인이 대기근을 극복하도록 도운 일등 공신이 되었고, 맬서스가 주장한 이론을 처음으로 깬 사례가 되었다. 프랑스와 마찬가지로, 감자는 굶주린 청나라 백성들도 구했다.

감자가 청나라에 도착했을 즈음인 1573년경에는 이상 저온 현상으로 곡물 생산량이 심각하게 감소해 전통 작물을 대체할 수 있는 먹거리를 시급히 찾아야 했다. 감자는 바로 이 문제를 완벽하게 해결하며 청나라 백성의 삶 속에 들어왔다. 아메리카 대륙에서 온 생명력이 충만한 이 작물은 지역이나 기후를 가리지 않으며, 많은 양의 수분이 필요치 않아 수로 관개시설이 열악한 청나라를 위해 맞춤 제작된 상품과도 같았다.

척박한 환경에서도 꿋꿋이 자라는 감자는 청나라 백성들에게 처음부터 마음에 쏙 드는 먹거리였다. 이에 더해 천해령으로 산악 지역으로 이주한 난민들에게 감자는 삶을 구원할 천혜의 식량원이 되었다. 그렇게 감자는 빠르게 청나라 백성의 '식탁 위의 주식'으로 자리 잡았다.

청나라 건륭제 초기, 호적 관리가 완화되며 농민들은 자유롭게 이주할 수 있게 되었고, 농사지을 토지가 부족했던 많은 농민이 대규모로 이

주해 황무지를 개척하기 시작했다. 이때 감자 재배는 절정을 맞이하게 되었다.

농민들의 이주에 따라 감자 재배지의 범위는 더욱 확대되어 쓰촨, 산베이, 닝샤, 하이난, 산시 등지에서도 대규모 재배가 시작되었다. 감자는 어떤 기후나 토양이든 빠르게 적응하기 때문에 다른 작물이 자라지 못하는 황토의 고원지대에서도 높은 수확량을 유지할 수 있었다.

이처럼 감자는 다른 작물들이 거의 수확되지 않은 상황에서도 생계 유지에 절대적인 도움을 주어 수억 명의 청나라 백성의 목숨을 구해냈다. 소빙하기와 천해령으로 고통받는 백성들이 고난의 시기를 무사히 보낼 수 있도록 해 준 것이다.

감자, 인구 대폭발을 초래하다

맛에 대해 누구보다 잘 아는 청나라 미식가들은 아메리카 대륙에서 온 '손님'에게 보답하기 위해 다양한 감자 요리법을 창조했다. 처음에는 감자를 가루로 만들어 메밀 등 주식과 함께 찌는 수준이었지만, 나중에는 감자를 점차 케이크처럼 만들기도 하고, 채를 썰고 조각을 내어 다양하게 변형된 음식을 만들었다. 감자는 중국 음식 문화사에 깊이 융합돼 없어서는 안 될 주요 식재료가 되었다.

감자는 단순한 먹거리를 넘어 청나라 정부의 전략적 비축 식량이 되었으며, 이를 통해 중국은 맬서스의 함정을 극복하고 인구 문제를 해결할 수 있었다. 잔혹한 자연재해 앞에서도 청나라의 인구수는 줄어들지 않았을 뿐만 아니라 오히려 기하급수적으로 증가하여 전례 없는 '인구 대폭발 시대'를 맞이했다.

중국은 고대 하夏나라와 상商나라 시대 이후부터 인구 증가의 속도가 매우 느렸다. 진秦나라 절정기에는 3,000만 명이었고, 학자들의 견해가 다르기는 하지만, 당唐나라가 가장 융성했을 시기에도 5,000여만 명을 넘어서지 못했다. 〈중국 인구통사〉 자료에 따르면 상업이 번창했던 송宋나라 시절에도 간신히 1억 명을 돌파했다. 하지만 명明나라와 청淸나라에 들어서면서 감자의 힘을 등에 업고 중국 인구는 폭발적인 성장 가도를 달리기 시작하여 정점기에는 4억 명을 넘겼다.

미국 컬럼비아대학교에서 학위를 받은 역사학자 허빙디何炳棣 교수가 저술한 〈명나라 초기 인구 감소 및 관련 문제〉에서는 감자 도입 전후의 명·청 시대를 거친 6세기 동안 중국 인구의 변화에 대해 깊이 있게 다루고 있다.

감자가 중국 땅에 들어오기 시작했을 무렵 인구는 약 2억 명에 불과했으나, 감자가 들어온 지 300년 만에 인구수는 무려 4억 3천만 명으로 두 배 이상 증가했다. 그 주된 원인은 감자, 옥수수 등 외국 작물의 보급에 기인한다.

1971년 유엔United Nations은 사막화를 겪고 있는 아프리카 국가 등 일부 국가들의 사막화 방지를 위해 '사막화 방지 협약United Nations Convention to Combat Desertification, UNCCD'을 체결하고 기구를 설립했다. 이 협약에서는 '사막화'를 '건조, 반건조 및 아습윤 지역에서 인간의 활

동들과 기후변동을 포함한 다양한 요인들에 의해 땅이 황폐해지는 것'
이라 정의하고 있다.

사막화를 방지하려면 건조 지역은 제곱킬로미터당 7명만 수용해야
하고, 반건조 지역은 제곱킬로미터당 20명으로 거주 인원을 제한해야
한다. 하지만 중국의 경우 이 기준치를 훨씬 초과하고 있다. 예를 들면,
건조 지역에 해당하는 간쑤성은 제곱킬로미터당 55명, 닝샤는 제곱킬로
미터당 68명이 거주한다. 이 지역은 모두 중국 감자의 주요 생산지이다.

명나라와 청나라 시대에 인구 폭발을 버텨낼 수 있었던 것은 감자로
대표되는 미국 작물의 도입 덕분이다. 물론 여기에는 옥수수, 고구마
등의 작물도 포함되어 있었다.

2015년 중국은 감자를 찐빵, 국수, 쌀국수 등의 주식으로 가공하는
것을 적극적으로 추진하는 '감자 주식 전략'을 시작했다. 감자는 쌀, 밀,
옥수수에 이은 또 다른 주요 주식이 될 것이다. 그러나 감자가 실제로
주식으로 사용될 수 있을지에 대해 많은 사람이 의문을 가지고 있다.
무슨 근거로 쌀, 밀, 옥수수와 어깨를 나란히 할 수 있는 것일까?

구국 영웅 감자는 영양학적 관점에서도 과소평가할 수 없는 작물로,
주식이 될 자격이 충분하다. 쌀, 밀, 옥수수와 같은 전통적인 3대 주식
이 제공하는 영양소를 감자 역시 제공할 뿐만 아니라, 심지어 더 우수한
측면도 있다.

감자의 비타민 C 함량은 채소 중 가장 높으며, 그 수치는 일반 채소
의 2~4배에 이른다. 또 필수 아미노산도 쌀이나 밀과 비교할 수 없을 정

도로 많이 내포되어 있고, 지방 함량이 낮아 고혈압, 콜레스테롤, 당뇨병, 비만 예방에도 효과가 좋다. 역시 감자는 희대의 작물이라 불릴 만하다.

꼬리를 무는 역사

'감자를 먹으면 살이 찐다.'라고 하는데 이는 감자를 완전히 모욕하는 것이다. 감자의 단백질 함량은 달걀과 비슷하고 소화 흡수가 잘되며, 식이섬유 함량은 쌀, 기장, 밀보다 거의 3~10배 높다. 더 중요한 것은 감자는 생산량이 많아 한 마지기당 최대 4,000 kg에 이른다는 점이다. 생산량은 밀의 약 8배, 쌀의 4배에 달하기에 그 경제적 가치는 매우 높다고 볼 수 있다. 게다가 감자 재배에는 물이 많이 들지 않는다. 감자 재배에 필요한 물 사용량은 쌀의 20%, 밀의 40%에 불과하다. 물이 부족한 많은 반건조 지역에서 감자는 가장 적합한 재배 작물이며, 특히 사막화 방지에 도움이 된다.

지구의 사막화 방지에 앞장설 수 있고, 곡물 수입 의존도를 낮출 수 있다는 측면에서 감자 재배 장려 정책은 필수적으로 추진해야 할 국가 정책 중 하나로 고려해 볼 수 있을 것이다.

미국의 재탄생

감자 역병이 다시 세운 나라, 미국

감자가 유럽에 뿌리를 내린 후 대규모 재배 열풍이 일어났다. 유럽 전역에는 3,000㎞가 넘는 감자 재배 단지가 조성되었는데, 서쪽으로는 아일랜드에서 시작해 동쪽으로는 러시아 우랄산맥에 이르는 초특급 대단지였다. 이 광활한 땅에 발 디딜 틈 없이 빽빽하게 감자가 재배되어 유럽 미식가들의 식탁에 끊임없이 올랐다. 영국의 저명한 경제학자 애덤 스미스Adam Smith는 감자의 막대한 경제적 기여도에 대해 아래와 같이 저술하였다.

"런던의 마부, 짐꾼, 석탄 운반업자, 그리고 매춘으로 생계를 유지하는
 불행한 여성들, 가장 밑바닥 인생을 사는 아일랜드 사람들, 그들 대부분이
 감자로 끼니를 이어 살아간다."

16세기에 영국은 아일랜드의 영토와 주권을 찬탈해 1801년 합병에 성공한다. 영국은 약탈한 대부분의 비옥한 토지를 아일랜드에 거주하는 영국인들에게 나누어 주었고, 토지를 빼앗긴 아일랜드인들은 소작농으로 전락하였다. 이로써 이들은 자연스레 유럽에서 가장 가난한 사람 중 하나가 되었다. 이 소작농들이 1년 동안 열심히 농사를 지어 거두어들인 비옥한 농지의 작물은 모두 영국 지주에게 돌아갔다. 아일랜드인들은 어쩔 수 없이 외진 곳에 있는 황무지나 척박한 땅에서 자급자족을 해야 했는데, 이러한 땅에는 웬만한 작물은 살아남기 어려워 생존력이 강한 감자만 재배할 수 있었다. 그런데 상황은 예상치 못한 방향으로 흘러갔다. 몇 차례의 기후 재난이 닥쳤음에도 아일랜드 소작농들은

심각한 영양 부족에 시달리지 않았다. 감자를 주식으로 삼은 아일랜드 소작농들은 유럽에서 영양 상태가 가장 좋은 집단에 속했고, 반면 아일랜드의 비옥한 땅을 점령한 영국 지주 일부는 오히려 영양실조에 걸렸다. 이 모든 것이 감자 덕분이었다.

하늘은 사람이 하는 일을 지긋이 지켜 보고 있는 법이다. 아일랜드에 전해지는 짤막한 일화를 보면 아일랜드 사람들의 감자에 관한 생각을 읽을 수 있다.

한 영국인이 오두막집에 사는 복숭앗빛이 감도는 통통한 볼을 가진 아이들을 보고 그들의 아버지에게 물었다.

"무엇을 먹였길래 아이들이 이렇게 건강한가요?"
"모두 예수 덕입니다."
"아! 모두 신의 가호가 있으신 것이로군요."
"아니요. 감자를 말한 것입니다."

아일랜드 사람들의 마음속에 감자는 예수이자, 그들의 구세주였다. 아일랜드에는 아래와 같은 말이 있다.

"아일랜드에서는 농담을 할 때 절대로 두 가지는 소재로 삼으면 안 된다. 하나는 결혼, 둘째는 감자다."

감자는 이미 아일랜드 문화의 일부가 되었고, 심지어 그들의 가족 중 일원으로까지 여겨진다.

애덤 스미스는 감자도 쌀처럼 주식이 될 수 있고, 오히려 생산량이 더 많아서 같은 양의 경작지에서 더 많은 인구를 먹여 살릴 수 있다고 생각했다.

실제로 감자가 유럽에 도입된 후 유럽의 전체 인구는 급증하였다. 150만 명에 불과하던 아일랜드 인구는 1760~1840년 사이 900만 명으로 무려 6배가 늘었다. 불과 20년 사이 감자는 아일랜드 사람들의 유일무이한 주식이 되었고, 감자에 대한 의존도는 90%가 넘었다.

하지만 한 가지에 의존한다는 것은 매우 위험한 일이다. 경제학자들 모두 입을 모아 "달걀은 언제나 한 바구니에 모두 담아서는 안 된다."라고 말한다. 하물며 한 국가가 모든 것을 단 하나의 식품에 의존한다면, 그 식품에 문제가 생길 경우 결과는 재앙으로 이어질 수 있다.

감자 역병, 미국의 문화적 다양성에 일조하다

슬픈 예감은 역시 이번에도 틀리지 않았다. 1845년 가을, 아일랜드에는 전대미문의 재앙이 닥친다. 감자가 난균류 Phytophthora infestans가 일으키는 치명적인 역병에 집단 감염된 것이다. 갈색 부패균에 감염된 감자는 모두 썩어버렸고, 이 병은 빠르게 전염된 모든 지역의 감자밭을 잠식해 들어갔다. 불과 2주 만에, 감자 역병은 아일랜드의 모든 감자밭을 초토화했다. 어제까지만 해도 푸르게 무성했던 감자밭은 단숨에 악취 나는 검은 쓰레기장으로 변해 버렸다. 이 질병을 '감자 역병'이라고 부르는데, 감자가 이 균에 감염되면 급격히 줄기가 시들고, 흙 속의 감자도 썩으며, 심지어 집에 보관된 감자마저 감염되어 썩어버린다.

감자 역병으로 생산량은 급격하게 떨어졌고, 아일랜드 사람들은 유일한 생계 수단인 감자를 송두리째 잃게 되었다. 아일랜드에는 다시 굶주림이 찾아왔다. 감자 역병과 뒤이어 온 티푸스와 콜레라로 인해 총 100만 명의 아일랜드 사람들이 굶거나 병들어 사망한 탓에 시체를 묻을 땅도 모자랄 지경에 이르렀다.

감자 역병은 비단 아일랜드만의 문제가 아니었다. 유럽 전체의 감자 생산량이 급격히 감소하여 유럽인들은 더 이상 자신의 땅에서 먹고살 수 없게 되었다. 이에 따라 대규모의 유럽인들이 미국으로 이동하게 되었는데, 추정에 따르면 1820년부터 1860년까지 40년 동안 약 500만 명의 유럽인이 미국으로 이주하였다. 미국 역사학자들은 이를 '인류의 위대한 여행'이라고 부른다.

유럽인들의 이주는 미국에도 매우 의미가 있다. 아일랜드인, 러시아인, 프랑스인, 이탈리아인, 폴란드인 등이 모두 미국으로 이주했는데, 이들은 자국의 문화와 종교 신앙뿐만 아니라 많은 기술과 풍습도 함께 가져왔다. 예를 들면 현재 마치 미국의 명절처럼 행해지고 있는 핼러윈은 아일랜드인이 미국으로 가져간 것이다.

넓은 의미로 감자는 유럽의 인구 폭발을 이끌었을 뿐 아니라, 미국의 문화적 다양성을 형성하는 데도 큰 역할을 한 셈이다. 미국은 낯선 이

민자들을 받아들임으로써 인적, 기술적 이점을 처음으로 얻게 되었고, 이후 본격적으로 이민자 수용 정책을 인력과 기술을 유치하는 국가급 전략으로 삼게 되었다. 이는 미국의 지속적인 강대함을 유지하기 위한 자원 공급책의 일환이기도 하다.

미국의 발전이 신의 보살핌으로 하사받은 '감자'라는 작물을 통해 이루어진 것이라 믿는 미국인들은 감자에 대해 큰 애정을 품고 있다. 그래서 그들은 감자가 세계로 뻗어 나가도록 최선을 다해 지원했다.

1951년 한 기자가 매릴린 먼로Marilyn Monroe에게 "당신이 아름다운 이유는 단지 아름답고 멋진 옷과 드레스 때문"이라고 말하자 그녀는 감자포대를 입는 기행적 사진 촬영을 감행했다. 그녀의 소속사 역시 그녀가 감자포대를 입어도 관능적이라는 것을 증명하는 데 동의했다. 미국의 아이다호주State of Idaho는 미국에서 감자 생산량이 가장 많은 지역으로 유명한데, 한 디자이너는 이에 영감을 받아 '미국 최고의 아이다호산 감자'라는 문구가 적인 포댓자루를 사용하여 치마를 만들었다. 매릴린은 이 감자포대 치마를 입고 사진을 찍었는데, 이 사진이 공개되자마자 '역시 미녀는 정말 뭘 입어도 예쁘다'라는 것을 만인이 인정하게 되었다. 이것으로 그녀를 공격했던 칼럼니스트는 더 이상 반박하지 못하게 되었을 뿐만 아니라, 매릴린 먼로는 본의 아니게 전 세계에서 가장 섹시한 '감자 모델'이 되었다. 그녀의 사진이 세계적으로 명성을 얻자, 미국의 감자도 덩달아 주요 관심사로 급부상했다.

꼬리를 무는 역사

감자에 대한 미국인의 사랑은 여기서 멈추지 않는다. 1960년대에 미국의 대형 패스트푸드 회사인 '맥도날드'와 'KFC'가 국제적 기업으로 부상하며 '프렌치프라이French fries'라 불리는 감자튀김이 전 세계적으로 판매되었다. 감자는 미국 패스트푸드 시장의 중요한 식재료가 되어 다시 한번 전 세계에 그 위용을 떨치게 되었다.

산업혁명

산업혁명을 이끈 원동력, 감자

―――

1584년, 영국 엘리자베스 1세의 충신이자 탐험가였던 월터 롤리 경Sir. Walter Raleigh은 아메리카 탐험에서 돌아올 때 감자 몇 뿌리를 가져와 자신의 뒷마당에 심었다. 그리고 영국 황실의 환심을 사기 위해 감자에 꽃이 피면 그중 몇 그루의 예쁜 꽃을 뿌리째 뽑아 엘리자베스 여왕에게 가져다 바쳤다. 영국인들이 요리에 서툴다는 사실은 이미 전 세계 사람들이 공공연히 알고 있을 것이다. 감자의 영예가 바닥으로 추락한 것도 역시 형편없는 영국인의 요리 실력 때문이었다.

―――

엘리자베스 여왕은 기근에 시달리는 영국에 감자를 보급하기 위해 왕실의 요리사를 불러 감자 파티를 준비시켰다. 자신이 직접 나서 상류층 사이에 감자를 알리면 자연스레 민간에 퍼져 나갈 것이라는 계산에서였다.

하지만 궁정 요리사는 감자라는 작물을 처음 보았다. 난생처음 접하는 식재료에 적잖이 당황하였지만, 자신의 솜씨만 믿고 자신 있게 요리를 시작했다. 매우 신선하고 부드러워 보이는 푸른 감자 줄기가 그의 눈에 들어왔다. 이 부분이 식용 부분이라고 생각한 그는 뿌리 부분의 둥근 감자를 잘라 쓰레기통에 버리고, 감자 줄기로 수프를 만들었다. 이 감자 줄기로 만든 수프는 여왕의 연회 상에 올라갔고, 다행히 맛이 좋아 '감자 줄기 수프'는 순식간에 바닥이 났다. 그러나 문제는 바로 감자의 잎과 줄기에 독성이 있다는 것을 아무도 몰랐다는 것이다. 이 음식을 먹은 귀족과 여왕은 모두 식중독 증세를 보이며, 줄줄이 화장실을 들락날락해야만 했다. 솔라닌에 중독된 것이다.

솔라닌은 위장 장애와 신경 장애를 일으키는 독성이다. 솔라닌에 중독되면 식중독, 구토, 설사, 현기증, 두통 등의 증상이 나타나고, 심하면 저체온증, 환각 증상, 사망에까지 이를 수 있다. 감자를 처음 접한 궁정 요리사가 감자 싹에 '솔라닌'이라는 독성이 있다는 것을 미처 알지 못해 벌어진 촌극이었다.

솔라닌 중독으로 호되게 고생한 엘리자베스 여왕은 그 이후로 감자에 대해 깊은 혐오감을 느끼게 되었고, 감자를 절대로 영국 왕실 주방에 들이지 말라고 명령했다. 이 사건으로 감자는 영국에서 유독성 식품의 대명사가 되는 불명예를 안게 되었다. 결국, 영국의 감자 보급은 그만큼 늦어졌다.

1845년, 아일랜드의 감자 역병은 대기근을 초래했다. 북아일랜드 지역은 영국 식민지에 속했기 때문에 기근 문제는 당시 영국 총리였던 로버트 필 경Sir. Robert Peel이 직면한 큰 난제였다. 아일랜드 사람들의 주식인 감자는 모두 땅에서 썩어버렸고, 수천 명의 아일랜드 사람들은 굶주림에 목숨을 잃어야만 했다. 영국 정부는 이를 외면할 수 없었다. 현재 직면한 이 기아 문제를 해결하는 유일한 방법은 해외에서 곡물을 수입하는 것뿐이었다. 그중 미국이 가장 유력했다. 당시 미국은 독립한 지 70년이 지났고, 광활한 땅에서 생산된 식량은 굶주린 아일랜드인들을 충분히 구할 수 있었다. 그러나 영국에는 오랫동안 시행된 '곡물법'이 곡물 수입을 가로막았다.

'곡물법'은 영국 본토의 곡물 가격을 보호하기 위해 모든 수입 곡물에 높은 세금을 부과한다고 규정하고 있다. 이는 수입 곡물 가격을 기형적으로 인상하는 것과 같은 격인데, 이를 통해 수입 곡물 판매량을 감소시키고, 현지 곡물의 시장 점유율을 유지해 외국 곡물과의 경쟁에서 우위를 점하도록 하는 '영국 우선 주위' 차원의 법률이었다.

만약 미국으로부터 대량의 곡물을 수입하여 적당한 가격에 유통하려 한다면 먼저 이 곡물법부터 폐지해야만 했다. 이 법이 유지되는 한, 미국에서 수입하는 모든 곡물은 엄청나게 비싼 가격에 팔릴 수밖에 없을 것이고, 정작 가장 시급한 아일랜드인들을 구제할 수도 없었다.

하지만 영국의 귀족과 농장주들은 자신들의 핵심 이익과 관련된 '곡물법 폐지'를 강경하게 반대했다. '곡물법'이 폐지되면 외국의 저렴한 곡물이 영국에 대량으로 유입돼 국내의 곡물 경쟁력이 떨어지기 때문이다. 귀족, 농장주, 상인, 평민들은 각자 자신의 입장에서 법률 폐지 여부에 대해 치열한 논쟁을 벌였다.

감자 역병으로 인한 위기와 논쟁은 영국인들로 하여금 자국에서 필요로 하는 곡식을 직접 재배하는 것과 해외로부터 수입해서 충당하는 것 중 어느 것이 더 경제적일지 다시 한번 생각하도록 만들었다. 곡물법이 폐지되면 영국은 해외에서 저렴하고 품질 좋은 곡물을 수입할 수 있고, 잉여 토지를 이용해 더 많은 제조 공장을 건설할 수 있게 된다. 또한 동시에 농업으로부터 자유로워진 노동력을 공산품 생산에 투입할 수 있다.

1846년 5월, 긴 고심 끝에 영국은 결국 '곡물법'을 폐지하기에 이른다. 그 배후에 중요한 역할을 담당한 것은 영국의 제25·28대 총리를 역임한 아서 웰즐리Arthur Wellesley, 웰링턴 공작Duke of Wellington이다. 웰링턴 공작은 영국 육군 최고의 지휘관으로, 나폴레옹 전쟁 당시 '대륙 봉쇄령'을 돌파하여 나폴레옹 보나파르트의 시대를 끝낸 명장이다.

웰링턴 공작은 귀족과 농장주들을 설득하여 국가 이익을 우선시하게 했고, 결국 곡물법 폐지를 성공적으로 이끌었다. 영국의 곡물 수입의 마지막 장애물을 제거함으로써 미국의 옥수수, 밀 등 농산물이 영국으로 들어왔고, 이는 아일랜드와 영국의 현지 곡물을 대체했다.

해외로부터 충분한 식량 공급이 원활히 이루어지자, 영국은 농업에서 산업으로의 전환을 가속하기 시작했다. 많은 농지가 공장으로 변했으며, 농민은 공장 노동자가 되었다. 1900년까지 영국은 밀의 수요 중 80%를 수입에 의존하였고, 농업에 종사하는 인구는 전체 노동 인구의 10% 미만으로 감소했다. 이러한 변화는 영국이 세계 최초로 '산업혁명'을 이루는 계기가 되었다. 농업사회에서 산업사회로의 전환은 이후 수백 년 동안 근현대의 많은 성취와 사건의 근간이 되어 인류 역사의 발전을 촉진했다.

꼬리를 무는 역사

역사는 의외의 사건들에 의해 급진전을 이룬다. 예상치 못했던 감자 역병의 유행으로 굶주린 먹보 인류는 동요하기 시작했고, 이에 영국은 '곡물법 폐지'를 단행하여 곡물 수입 장벽을 제거했다. 곡물 재배 대신 선택한 '곡물 수입'이라는 선택은 제1차 산업혁명을 가속화했다. 이렇듯 먹보 인류의 먹거리를 향한 집념과 먹고자 하는 의지는 또 한 번 근대 역사에 파란을 일으켰다.

감자의 발원지인 페루 농업부에 따르면, 2022년 페루의 감자 생산량은 570만 톤이며, 총생산액은 55억 2,500만 솔(페루의 통화, 1달러 기준 3.75솔)에 달한다. 감자는 또한 11만 개 이상의 일자리를 창출해 국가에 공헌했다. 페루의 개인 연평균 감자 소비량은 76kg에서 92kg으로 증가했다.

전 세계 감자 총생산량은 2025년에 5억 톤으로 증가할 것으로 예상되며, 2030년에는 7억 5천만 톤에 이를 것으로 추정된다. 곧 도래할 인류의 식량 위기에서 감자는 다시 한번 인류를 구할 영웅의 자리에 오르게 될 것이다.

식탁 위의 권력
미식 경제학

펴낸날 2025년 6월 10일 1판 1쇄

지은이 쑤친
옮긴이 김가경
펴낸이 金永先
편집 정아영
디자인 검정글씨 민희라

펴낸곳 이든서재
주소 경기도 고양시 덕양구 청초로 10 GL 메트로시티한강 A동 20층 A1-2002호
전화 (02) 323-7234
팩스 (02) 323-0253
출판등록번호 제 2-2767호

ISBN 979-11-94812-00-5(03320)

이든서재와 함께 새로운 문화를 선도할 참신한 원고를 기다립니다.
이메일 dhhard@naver.com (원고 투고)

• 이 책은 저작권자와의 계약에 따라 발행한 것이므로 본사의 허락 없이는
  어떠한 형태나 수단으로도 이 책의 내용을 사용하지 못합니다.
• 파본은 구입하신 서점에서 교환해 드립니다.